가상 일본어

역할어의 비밀

가상 일본어 – 역할어의 비밀

초판 인쇄 2021년 10월 15일 **초판 발행** 2021년 10월 25일
지은이 긴스이 사토시 **옮긴이** 박미현 **펴낸이** 박성모 **펴낸곳** 소명출판
출판등록 제13-522호 **주소** 서울시 서초구 서초중앙로6길 15, 2층
전화 02-585-7840 **팩스** 02-585-7848
전자우편 somyungbooks@daum.net **홈페이지** www.somyong.co.kr

값 14,000원 ⓒ 소명출판, 2021
ISBN 979-11-5905-433-4 03730

부산대학교 일본연구소 번역총서 6

Virtual Japanese
The Mystery of Role Language

가상 일본어
역할어의 비밀

긴스이 사토시 지음
박미현 옮김

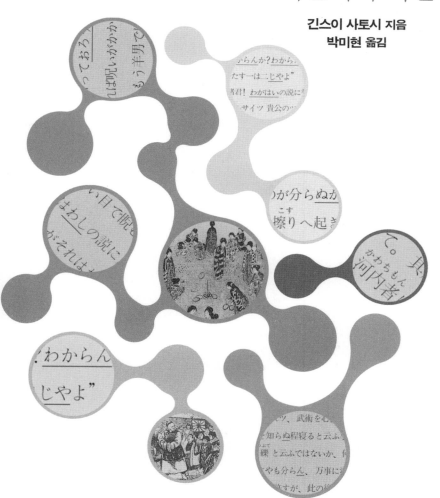

VA-CHARU NIHONGO YAKUWARIGO NO NAZO

by SATOSHI KINSUI

ⓒ 2003 by SATOSHI KINSUI

First published 2003 by Iwanami Shoten, Publishers, Tokyo.

This Korean edition published 2021

by Somyong Publishing, Seoul

by arrangement with the proprietor c/o Iwanami Shoten, Publishers, Tokyo

일러두기

이 책은 다음과 같은 요령으로 엮었다.

1. 한자 표기는 원칙적으로 정자체 표기에 따른다. 다만 예문의 한자는 원문에 따랐다.
2. 예문은 원칙적으로 원문을 제시하였고, 한국어 역이 필요한 부분은 [ ]로 제시하였다.
3. 역자 주석은 각주 앞에 【역주】로 표시하였다.
4. 맞춤법과 띄어쓰기는 한글 맞춤법과 표준어 규정에 따랐다.
5. 일본의 인명, 지명과 같은 고유명사의 표기는 국립국어원의 외래어 표기법에 따랐다.
6. 이 책에 사용된 부호는 다음과 같다.

　　「 」 → 단편소설, 기사, 논문　　　　『 』 → 장편 소설, 단행본, 신문, 잡지
　　〈 〉 → 만화 작품, 연극, 음반, 그림　　《 》 → 만화책(단행본), 만화 잡지
　　【 】 → 역할어

이 책은 2003년 일본에서 출판된 역할어에 관한 첫 단행본입니다. 역할어란 주로 픽션에서 말하는 이의 성별차이, 연령, 세대, 계층, 직업, 지역, 국적 등으로 말투가 어느 정도 정해질 때의 말투를 지칭합니다. 이 책에서는 【노인어】, 【남성어 · 여성어】와 같이 대표적인 일본어의 역할어를 예로 들어 역사적 기원을 탐구하고 이론적으로 고찰했습니다. 다행히 이 책은 일본의 독자와 학생들에게 주목을 받아 2018년 1월 현재 15쇄, 누계로 약 14,000부를 발행했습니다. 또 이 책을 간행한 뒤 필자가 편집자로 참여한 역할어 관련 도서는 단행본 1권, 논문집 3권, 사전 1권이 간행되었습니다. 영어로 저술된 공저논문도 2편과 이 책의 영어판도 간행되었습니다.

역할어는 일본어학뿐만 아니라 사회언어학, 일본어 교육학, 대중문화연구, 심리언어학 등의 분야에서도 주목하고 있습니다. 또 소설가, 만화가, 애니메이션 제작자, 번역가 등 현장의 제작자들도 높은 관심을 보이고 있습니다. 일본어는 역할어와 관련된 언어자원이나 역할어의 패턴이 특히 풍부한 언어임은 판명되었지만, 동시에 타 언어에서도 다소의 정도 차이는 있지만 역할어로 인정되는 현상이 대체로 존재함을 알게 되었습니다. 현재 모국어의 역할어, 일본어와 모국어 간의 역할어 번역 등을 연구하기 위해 중국, 한국, 타이, 유럽과 미국 등에서 유학생이 제가 근무하는 대학으로 모이고 있습니다.

이 같은 상황에서 이 책이 한국어판으로 출판되는 것은 큰 의의가 있습니다. 이 책이 많은 한국어 독자에게 한국어와 일본어의 역할어에 관한 차이점과 공통점을 생각하고 서로의 언어와 문화를 넓게 이해하는 계기가 되었으면 합니다.

마지막으로 이 책의 한국어판 번역을 맡은 부산대학교 일본연구소의 박미현 씨에게 진심으로 감사의 말씀을 드립니다.

2018년 1월 31일

긴스이 사토시

옮긴이의 말

이 책은 긴스이 사토시金水敏 선생님의 『ヴァーチャル日本語－役割語の謎』(岩波書店, 2003)를 한국어로 옮긴 것입니다. 이 책은 2003년 일본에서 출간된 후부터 2018년 현재 15쇄를 발행하였으며 일본어 전문가뿐 아니라 일반인에게도 알기 쉽게 저술하여 호평을 받고 있습니다.

저자는 이 책에서 영화나 애니메이션, 소설 등을 통해 접하는 일본어는 현실을 있는 그대로 반영했다기보다 일본인이 그렇다고 여기는 특정 캐릭터(역할)들의 꾸며진 가상 일본어라고 설명합니다. 그 배경을 일본어의 표준어와 스테레오 타입으로 보고 고전문학부터 현대 코믹만화까지 방대한 예를 검증하여 증명해 보입니다.

역할어라는 개념이 제창된 지 16년이 지난 지금 일본어학에서는 사회와 언어의 관계를 생각할 때 반드시 인용되는 개념이 되었습니다.

저자인 긴스이 선생님의 탄탄한 학문은 먼저 『일본 존재 표현의 역사 日本語存在表現の歴史』(히쓰지 쇼보, 2006)에 결집되었는데, 이 책은 이 해에 제 26회 신무라 이즈루 상을 받았습니다. 신무라 이즈루新村出는 일본 사전의 대표 중의 하나인 고지엔広辞苑의 저자이며 일본어학의 대가입니다. 이렇게 일본어학의 대가를 기리는 상을 받았다고 하면 긴스이 선생님의 업적이 어떻게 평가 받는지 짐작할 만합니다.

옮긴이는 긴스이 선생님의 오사카대학 대학원 수업에서 '역할어'라는 개념을 처음 접했고 일본어의 위상어와 어떤 점이 다른지를 알게 되었습니다. 외국인이 만화 애니메이션, 영화 등 매스미디어를 통해 접하는 일본어가 사실은 가상 일본어라는 점은 일본어를 연구하는 외국인으로서 흥미로운 개념이었습니다. 비단 이것은 일본어뿐 아니라 한국어에도 적용될 수 있는 이론이고, 모든 언어에서 일어날 수 있는 현상이라고 생각됩니다. 소설, 영화, 애니메이션의 대사는 현실에서 쓰이는 한국어를 있는 그대로 반영할 것이라고 생각하지만 사실은 우리 머릿속의 스테레오 타입을 반영하고 있는 것일지도 모릅니다.

이 책을 통해 일본어뿐만 아니라 한국어, 더 나아가 언어와 대중매체의 관계에 대해서도 많은 것을 느낄 수 있으리라 생각됩니다.

개인적으로는 수업 발표를 위해 교토의 우즈마사太秦 영화마을에 찾아가 조사한 자료들이 미약하나마 이 책에 도움 된 것 같아 자부심을 느낍니다.

끝으로 오랜 시간 지연된 번역을 기다려 주시고 독려해 주신 소명출판 편집부에 감사의 말씀 드립니다.

2021년 6월
박미현

느닷없지만 다음 테스트를 해보십시오.

문제 다음 a~h와 가~아를 연결해 보십시오.*

a. そうよ、あたしが知ってるわ（　）　　가. 무사

b. そうじゃ、わしが知っておる（　）　　나. (가짜)중국인

c. そや、わてが知っとるでえ（　）　　　다. 나이든 박사

d. そうじゃ、拙者が存じておる（　）　　라. 여자 아이

e. そうですわよ、わたくしが存じておりますわ（　）마. 시골사람

f. そうあるよ、わたしが知ってあるよ（　）바. 남자 아이

g. そうだよ、ぼくが知ってるのさ（　）　사. 아가씨

h. んだ、おら知ってるんだ（　）　　　아. 간사이 사람

어떻습니까? 쉬웠습니까? 위의 문제는 일본에서 자란 일본어 모어 화자라면 100% 틀리지 않을 것입니다.(외국인 일본어 학습자에게는 조금 어려웠을까요?) 이 책에서는 위의 문제처럼 특정 캐릭터와 연결된 특징 있는 말투를 '역할어'라 하고【아가씨어】,【시골어】와 같이 괄호로 표시합니다.

일본에서 자란 일본어 모어 화자라면 위의 역할어는 누구나 알 것입

---

* 【역주】a~h 모두 '그래 내가 알고 있다'를 표현한다. 정답은 a-라, b-다, c-아, d-가, e-사, f-나, g-바, h-마이다.

니다. 그런데 가만히 생각해보면 이것은 매우 이상한 일입니다. 수수께끼 같은 일이라 할 수 있습니다. 왜냐하면 역할어는 반드시 현실의 일본어와 일치한다고 볼 수 없고 오히려 전혀 다른 경우가 많습니다. 예컨대 여러분은 "そうじゃ、わしが博士じゃ[그래, 내가 박사다]"라는 일본어로 말하는 박사를 본 적이 있습니까? "ごめん遊ばせ、よろしくってよ[미안해요, 잘 부탁해요]"라는 일본어를 말하는 아가씨를 본 적이 있습니까? 주위를 아무리 둘러보아도 이런 말들은 지금 일본에는 존재하지 않습니다.

그럼에도 일본인 모두가 알고 있는 역할어. 도대체 우리는 어디에서 어떻게 역할어를 익혔을까요? 근본적으로 무엇 때문에 역할어가 존재할까요? 역할어는 누가, 언제, 만들었을까요?

역할어는 실재 일본어와는 다르지만 분명히 존재하는 일본어라는 의미에서 '가상 일본어'입니다. 가상현실의 가상입니다. CG(컴퓨터 그래픽)의 발달로 가상현실은 오늘날 널리 유행하고 있습니다. 가상현실은 '가짜 현실'이라는 뉘앙스가 강하지만, 중요한 것은 진짜 현실(리얼리티)과 가짜 현실(가상현실)이 본질적으로 구분되지 않는다는 점입니다. 가상 일본어도 마찬가지입니다. 알고 보면 거짓인 줄 알지만 마치 진짜처럼 느껴지는 역할어. 도대체 일본어와 언어에서 '현실'이란 무엇일까요?

이 책은 이러한 의문을 다루기 위해 썼습니다. 키워드는 '스테레오타입'과 '표준어'입니다. 역할어의 세계는 매우 깊어서 이 책에서는 일부분밖에 제시할 수 없지만 다 읽은 뒤에는 지금까지 당연하게 읽고 쓰고 말하던 일본어가 전혀 다르게 보일 것입니다. 다시 한번 초대합니다.

환영합니다. 역할어의 세계로!

차례

한국어판 독자 여러분께　3
옮긴이의 말　5
역할어 세계로의 초대장　7

1장/ **박사는 【박사어】를 쓰는가?**　11
1. 오차노미즈 박사　13
2. 덴마 박사　17
3. 【박사어】를 거슬러 올라가다　22

2장/ **스테레오타입과 역할어**　39
1. 스테레오타입이란 무엇인가　41
2. '현실' 대 '가상현실'　46
3. 문화·미디어와 스테레오타입　49
4. 히어로의 여정　53

3장/ **【표준어】와 비【표준어】**　59
1. 【시골어】는 어느 지역 말인가　61
2. 【표준어】의 구조와 역할어　69
3. 【표준어】의 성립　77
4. 오사카 사람과 간사이 사람의 캐릭터 변천　85

4장/ **루트는 【무사어】**-남성의 언어   103

　1. 【표준어】의 변화   105

　2. 【남성어】의 역사   110

　3. 가면(페르소나)으로서의 역할어   127

5장/ **아가씨는 어디에?** – 여성의 언어   129

　1. 나비부인   131

　2. 언어의 성별 차이   134

　3. 『우키요부로浮世風呂』의 여자들   139

　4. 에도어와 근대 【여성어】   141

　5. 'てよだわ'의 발생   145

　6. 'てよだわ' 세상에 날개를 펴다   150

　7. 'てよだわ' 더욱 퍼지다   156

　8. 'てよだわ'의 쇠퇴   162

6장/ **이방인을 보는 시선**   173

　1. 【아루요어】   175

　2. 이방인의 분류   180

　3. 언어의 투영   181

　4. 【아루요어】의 원형과 전개   185

　5. 역할어를 넘어서   198

　부록 : 역할어의 정의와 지표　200
　후기　202
　용례 출전 일람　205
　참고문헌　209

1장

박사는 【박사어】를 쓰는가?

1. 오차노미즈 박사
2. 덴마 박사
3. 【박사어】를 거슬러 올라가다

1. 오차노미즈 박사

만화의 세계에는 '박사'로 불리는 인물이 많이 등장한다. 세토瀬戸・야마모토山本의 『만화 박사 독본漫画博士読本』은 1947년에 발표된 데즈카 오사무手塚治虫의 〈화성 박사火星博士〉 이후에 등장한 박사를 모아 해설한 책으로, 박사가 157명 등장한다. 그중에서 대표로 〈철완아톰〉(데즈카 오사무, 1952년부터 연재)에 등장하는 '오차노미즈 박사'의 말투에 주목해보자.

오차노미즈 박사의 대사는 다음과 같다.

오차노미즈 박사 《철완 아톰》 1, 92면 ⓒ TEZUKA PRODUCTIONS

お茶の水博士 "親じゃと？ わしはアトムの親がわりになっとるわい！"(92면)
"アトムどうじゃ"(99면)
"人間のふりをして煙にとつかれてみんか"(315면)

오차노미즈 박사 부모라고? 나는 아톰의 부모 대신으로 되어 있네!
아톰아, 어떠냐?
사람인 척 연기 속으로 들어가 볼 테냐?

데즈카 오사무, 《철완 아톰》 1

아가사 박사(《명탐정 코난》 1, 61면 ⓒ 아오야마 고쇼 / 쇼각칸 주간소년 선데이에 연재 중)

오키도 박사(《포켓몬스터》, 20면 ⓒ Nin-tendo · Creatures · GAME FREAK · TV Tokyo · ShoPro · JRKikaku ⓒ Pokémon

　　이 대사는 만화 속의 '박사'가 정말 쓸 것 같은 말투이다. 이것을 일단 【박사어】라 해두자. 【박사어】는 오차노미즈 박사만이 아니라 작가와 발표연대가 다른 많은 '박사'에게서 공통으로 보인다. 예컨대 다음을 보자.

阿笠博士 いやー、この子の親が事故で入院したんで、ワシが世話を頼まれとったんじゃが、ワシも一人暮しでなにかと大変なんじゃ……。

아가사 박사 음…… 이 애 부모가 사고로 입원해서 나한테 맡겼는데, 나도 혼자 사는 몸이라 벅차기도 하고…….

아오야마 고쇼青山剛昌, 《명탐정 코난》 1, 61면

オーキド博士 この中から、好きなポケモンを選び出し……、野生のポケモンと戦わせ、勝つと採集できるんじゃ……。

오키도 박사 이 중에서 맘에 드는 포케몬을 골라……, 야생 포케몬과 싸움을 붙여 이기면 채집할 수 있지…….

아나쿠보 신사쿠穴久保幸作, 《포켓몬스터》 1, 20면

たまねぎ博士 新発明のテストをしておった んじゃ。**わし**はこの研究所の玉根木**じゃ**。 はやくたすけてくれ。

양파 박사 신개발품 시험 중<u>이다</u>. 나는 이 연구소의 양파 박사<u>다</u>. 빨리 도와다오.

야타마 시로矢玉四郎, 《양파 박사 1호 다리란》, 10면

【박사어】에 보이는 언어적 특징을 소위【표준어】와 비교하여 정리해보면 다음 표와 같다.

	【박사어】	【표준어】	
단정	親代わり**じゃ**	親代わり**だ**	[부모 대신이다]
부정	知ら**ん**、知ら**ぬ**	知ら**ない**	[모른다]
인간의 존재	**おる**	**いる**	[있다]
진행, 상태 등	知っ**ておる / とる**	知っ**ている / てる**	[알고 있다]
	서일본 방언	동일본 방언	
단정	雨**じゃ**、雨**や**	雨**だ**	[비다]
부정	知ら**ん**、知ら**へん**	知ら**ない**、知ら**ねえ**	[모른다]
인간의 존재	**おる**	**いる**	[있다]
진행, 상태 등	降っ**ておる / とる**、降り**よる** 등	降っ**ている / てる**	[내리고 있다]
형용사 연용형	赤(**あこ**)うなる	赤(**あか**)くなる	[빨개지다]
1단 활용동사,サ형 변격동사 명령형	起き**い**、**せえ** 등	起き**ろ**、**しろ** 등	[일어나, 해]

이러한 특징의 대립은 일본의 동서 방언 대립과 그대로 일치한다. 일본의 방언을 여러 특징으로 분류해보면, 많은 특징이 일본의 동과 서로 나뉘어 분포하는데 이 점은 널리 알려진 사실이다. 특징에 따라 조금씩 다르지만 동과 서의 경계선은 북쪽으로는 후쿠야마 현과 니가타 현 사이의 일본 알프스, 남쪽으로는 아이치 현에서 시즈오카 현을 지나는 부분에 집중해 있다. 동서 방언의 대립 중에서도 특히 문법적 대립이 위의 표와 매우 비슷하다.

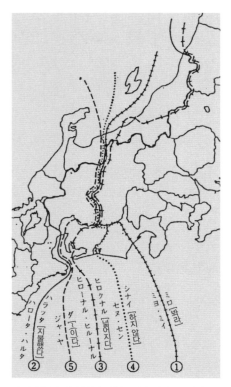

방언의 동서 대립(출전 : 『일본어의 세계 8-언어·동과 서』, 주오고론사, 1981. 역자 번역)

그러나 세부적인 차이도 있다. 만화에 나오는 오차노미즈 박사의 대사를 보면, 단정에는 'じゃ'를 사용할 때도 있지만 'だ'를 사용할 때도 상당히 많다. 문법적으로 반드시 'じゃ'를 사용하기보다는 기분전환 하듯 간혹 'じゃ'를 사용하는 경향이 있다. 그리고 형용사 연용형[1]의 '赤うなる[빨개지다]'와 같은 소위 ウ음편은 그다지 사용하지 않는다. 또한 서일본 방언의 '雨や[비다]' '知らへん[모른다]'과 같은 형태 역시 사용하지 않는다.

즉【박사어】는 부분적이지만 현대 서일본 방언의 문법적 특징을 보이며 그런 점에서【표준어】와 대립한다. 또【표준어】는 뒤에서 설명하겠지만, 도쿄 야마노테 지역의 말을 기본으로 형성되었으며 문법은 동일본 방언의 특징을 지닌다.

여기서 중대한 의문이 생긴다. 만화를 아무리 읽어보아도 오차노미즈 박사가 서일본 출신의 인물로는 결코 묘사되어 있지 않다.

의문 1 왜 박사는 서일본형 말을 사용할까?

---

1 【역주】연용형이란 일본어에서 동사·형용사가 용언에 접속되는 형태를 말한다.

그럼 이 의문을 해결하기 전에 조금 더 【박사어】를 관찰하자. 오차노미즈 박사의 말투에는 지금까지 보아온 문법적 특징 이외에도 1인칭 대명사와 조사에 독특한 특징이 보인다. 대명사로는 わし, わがはい, わたくし, わたし 등을 사용한다. 특히, わし와 わがはい는 정말 박사다운 말투이다. 반대로 ぼく와 おれ는 그다지 사용하지 않는 것 같다. 문말에 나타나는 종조사[2]로는 わい, のう가 특징이다. 또 부름의 간투조사[3] や(예 : 'アトムや[아톰아]') 등도 눈에 띈다.

2. 덴마 박사

【박사어】를 쓰지 않는 박사

만화 속 '박사'의 말을 살펴보면 【박사어】를 쓰지 않는 박사 또한 존재한다. 【박사어】를 쓰는 박사와 쓰지 않는 박사의 차이점은 한눈에도 알수 있다. 예컨대 【박사어】를 쓰지 않는 박사의 전형적인 예로 〈철완 아톰〉에 등장하는 '덴마 박사'를 들 수 있다. 덴마 박사의 말투는 다음과같다.

2　【역주】 일본어의 문장 끝에서 희망, 의문, 감동, 명령을 나타낸다.
3　【역주】 문장 중간에 일시적으로 끊어지는 부분에 사용되는 조사를 말한다.

天馬博士 うるさいやつだ / ロボットのくせに、 / わしがつくってやったことを忘れてとんでもないやつだ / どうだ / 口もきけないだろう

덴마 박사 시끄러운 녀석이다. / 로봇 주제에 / 내가 만들어줬다는 것을 잊어버린 못된 녀석이다. / 어떠냐 / 말도 못 하겠지.

데즈카 오사무, 《철완아톰》 1, 59면

덴마 박사의 대사에는 【박사어】에 보이는 특징 중 특히 서일본형 특징은 거의 보이지 않는다.

그런데 '오차노미즈 박사'와 '덴마 박사'의 외견상 가장 큰 차이점은 오차노미즈 박사는 대머리이고 남은 머리카락도 백발인 데 비해 덴마 박사는 머리숱이 풍성하고 검은 머리라는 점이다. 즉 오차노미즈 박사는 노인의 특징이 뚜렷한데 반해 덴마 박사는 그렇지 않다. 결국 【박사어】를 쓰는 박사는 박사이면서 동시에 노인이다. 반대로 노인 같지 않은 박사는 만화에서도 그다지 【박사어】를 사용하지 않는다. 〈철인 28호〉(요코야마 고키橫山光輝, 1956~1966년 연재)의 시키지마 박사, 〈닥터 슬럼프〉(도리야마 아키라鳥山明, 1980~1984년 연재)의 노리마키 지헤베 등이 이 유형에 속할 것이다. 반대로 노인다운 박사 중에서도 【박사어】를 쓰

지 않는 작품도 있지만, 젊어 보이는데 '~じゃ[이다]', 'わかっておる
[알고 있다]'와 같이 분명한 【박사어】를 사용하는 경우는 극히 드물다 할
수 있다.

【박사어】는【노인어】인가?

만화와 애니메이션에는 박사도 아니면서 【박사어】와 똑같은 말투를
사용하는 인물이 자주 등장한다. 그 인물들은 언제나 백발 혹은 대머리,
때로는 등도 굽은 노인이다.

도모조 할아버지(사쿠라 모모코, 《마
루코는 아홉 살》4, 90면 ⓒ사쿠라 프
로덕션)

ともぞうじいさん でもまる子のいうとおり
<u>じゃ</u>なあ / ほんとにみんな / お金もらえる
から働い<u>とる</u><u>しのう</u>

도모조 할아버지 하지만 마루코가 말한 그
대로<u>구나.</u> / 정말 모두 / 돈을 받을 수 있
으니까 일을 하는 <u>게지.</u>

사쿠라 모모코, 《마루코는 아홉 살》4, 90면

猪熊滋悟郎 そんな男にうつつをぬかしてお<u>る</u>から、練習に身が入らん<u>のぢゃ</u>!!

이노쿠마 지고로 그런 남자에게 얼이 빠져 <u>있으</u>니 연습에 집중 못 하는 <u>게야</u>!!

우라사와 나오키, 《YAWARA!》 1, 28면

　이러한 말투를 【노인어】라 부르자. 【박사어】를 쓰는 박사도 노인으로 한정된 것을 고려하면 【박사어】는 결국 【노인어】의 일종이다(다만 【박사어】에는 제4장에서 설명할 【서생어】의 특징도 있다). 더욱이 소설이나 만화에서 【노인어】를 쓰는 인물을 자세히 살펴보면 단순히 나이가 많다는 점뿐만 아니라 위엄이 있고 중후하며 왕과 같은 권력을 지니고 있다. 그래서 지혜롭게 주인공에게 조언하거나 반대로 주인공에게 해를 끼친다. 혹은 단지 나이가 들어 병약하거나 멍해 보이며 줄거리에서 이러한 성질이 중요한 의미를 지닌다. '박사'란 전형적인 지혜의 상징이고(때로는 사악한 지혜의 상징이기도 하다) 줄거리에서 노인의 성질 중 한 전형을 이루고 있다. 줄거리와 인물의 관계는 다음 장에서 다시 언급하겠다.

'현실'의 차이

그런데 【박사어】나 【노인어】는 현실의 '박사'나 '노인'과 어떤 관계가 있을까? 현실에서 대학의 노교수가 【박사어】를 사용하는지 살펴보면 아무리 둘러보아도 그런 사람은 없다(적어도 내가 근무하는 대학에는 없다). 실제로 사람이 나이가 들었다 해서 지금까지 평범하게 말했는데 점점 (혹은 갑자기) 【노인어】를 쓰게 되는 일은 없다.

【박사어】와 【노인어】의 특징은 현실과 일치하지 않는다는 점만이 아니다. 【박사어】를 사용하는 박사는 대부분 만화나 어린이용 SF 드라마 등 '유치'한 작품에서만 나타나고, 어른이 접하는 소설이나 사실적인 드라마, 소위 '고급' 장르의 작품에는 전혀 나타나지 않는다. 다음 예는 어른을 대상으로 한 소설이지만, 일부러 등장인물을 어린이용처럼 설정하여 작품을 환상적으로 보이려는 효과를 노렸다. '그림책'이란 양식을 취한 점에서도 이를 알 수 있다.

양박사(《양사나이의 크리스마스》, 32면
ⓒ Maki Sasaki, 1989)

羊博士 そんなことわしは知らんよ。なにせ二千五百年も昔のことじゃもの、そんなのわかるわけないじゃないか。しかしとにかくそう決まっておるんだよ。それが掟というものだ。知っておろうが知らなかろうか、掟を破れば呪いがかかる。呪いがかかれば、羊男はもう羊男ではなくなってしまうんだ。君が羊男音楽を作曲できん理由はそこにあるのだ。うん

양박사 그건 나는 모르네. 그저 이천오백 년도 전의 일로, 알 리가 없지 않은가. 아무튼 그렇게 정해진 거야. 그게 규율이란 거지. 알았든 몰랐든 규율을 어기면 저주에 걸리지. 저주에 걸리면 양사나이는 양사나이가 안 되는 거야. 자네가 양사나이 음악을 작곡할 수 없었던 이유가 여기에 있는 거지.

무라카미 하루키 · 사사키 마키, 《양사나이의 크리스마스》, 32면

여기서 다음과 같은 의문이 생긴다.

의문 2 【박사어】, 【노인어】는 현실에 없는데도 왜 그럴듯하게 느껴질까?

3. 【박사어】를 거슬러 올라가다

데즈카 오사무의 초기 작품

전형적인 【박사어】로 '오차노미즈 박사'를 예로 들었는데, 데즈카 오사무는 일찍부터 만화에 '박사'를 등장시켜 【박사어】를 사용했다. 1947년에 발표한 〈화성 박사〉에는 착한 부톤 박사와 나쁜 폿포 박사가 등장

하는데, 이들은 전형적인 【박사어】를 쓴다.

폿포 박사와 부톤 박사
(《화성 박사》, 33면
ⓒ TEZUKA
PRODUCTIONS)

ポッポ博士 こうして<u>ワガハイ</u>は生意気な地球のやつらをメチャクチャにかきまわしてやるのさ / スバラシイ考え<u>じゃろ</u>が

ブートン博士 ウーン……恐ろしいもくろみ<u>じゃ</u>

폿포 박사 이런 방법으로 <u>나</u>는 건방진 지구 놈들을 마구 섞어놓는 게<u>지</u> / 멋진 생각이<u>지</u>?

부톤 박사 음……무서운 계략이<u>구먼</u>.

데즈카 오사무, 《화성 박사》, 33면

좀더 거슬러 올라가면 같은 해 발표하여 40만 부를 기록한 베스트셀러 〈신보물섬新寶島〉에서는 선장이 【노인어】를 사용한다. 선장의 외모는 앞에 나온 부톤 박사와 똑같다.

선장(《신보물섬》, 31면
ⓒ TEZUKA PRODUCTIONS)

ピート ボアール?それはぼくがつくった海賊ですよ!

船長 なにをいう / ボアールは片手片足の冷酷な悪人じゃよ

피토 보알? 그건 내가 만든 해적이에요!

선장 무슨 소리 / 보알은 외다리 외팔의 냉혹한 나쁜놈이야.

데즈카 오사무, 《신보물섬》, 31면

그런데 데즈카가 중학교를 졸업한 직후 습작한 〈유령남幽靈男〉이라는 작품에서도 【박사어】를 볼 수 있다. 다음과 같다.

"世界中の博士が集まったやうだ"

"この中にや大抵にせが何人かをるよ"

"イヤわしは何といつてもそれが正当だから正当といふんだ"

"誰かわしに弁当をくれんかナア さうすりやわしは食事の効果的摂取法について実習してみせるが"

"わからんか?わからんなら教へて進ぜよう一たす一は二じやよ"

"諸君! わがはいの説に賛成して呉れ給へ"

"ウルサイツ 貴公のツバでこのへやの湿度が上つたわい"

"成程! 三才の博士ってのは君かネ?"

"真理をといた奴は一人もをらん! アアなげかはしい次第ぢや"

"전 세계의 박사들이 모인 것 같아."

"이 중에는 가짜가 몇 명 있어."

"나는 뭐라 해도 그것이 정당하니까 정당하다는 거네."

"누군가 내게 도시락을 주면 좋을 텐데. 그러면 내가 식사를 효율적으로 섭취하는 법을 실습해 보일 텐데."

"모르겠나? 모르면 가르쳐 주지. 1 더하기 1은 2야."

"제군! 내 주장에 찬성하시오."

"시끄러워. 너의 침으로 이 방의 습도가 올라갔다."

"과연! 세 살 박사가 너냐?"

"진리를 묻는 녀석은 한 명도 없구나! 아아, 한탄스러운 일이다."

반·데즈카 프로덕션, 《유령남》, 139면

《유령남》, 139면 © TEZUKA PRODUCTIONS

일본 SF의 조상 · 운노 주자

데즈카 작품에 보이는 【박사어】의 직접적인 원천은 운노 주자^{海野十三} (1897~1949)의 소설이 유력하다. 운노 주자는 일본 SF의 시조로 불리며 데즈카는 소년 시절에 운노의 소설에 빠져 있었다고 한다(시모쯔키 다카 나카 편, 『탄생! 「데즈카 오사무」』. 그 외 참조). 운노 주자의 소설에 보이는 【박 사어】의 예로는 다음을 들 수 있다.

『탄생! 「데즈카 오사무」』, 34 면 인용 ⓒ 세토 시게오

人造人間エフ氏をむかえて、イワミ博士 は、人間とおなじにあつかった。"何かご用 ですか"
とエフ氏はいった。
"うむ。わしが作った人造人間じゃが、われ ながらうまくできたものじゃ。こっちの いった言葉に応じて、ちゃんと返事をする んだから、大したもんだよ"

이와미 박사는 인조인간 에프를 인간과 똑같이 취급했다.
"무슨 일이십니까?"
라고 에프가 물었다.
"음. 내가 만든 인조인간이지만, 나름 훌 륭해. 내 말에 반응해서 제대로 대답을 하 니 대견해."

운노 주자, 「인조인간 박사」(원제는 「인조인간 에프」, 초판 1939)

まあ、そう唇をふるわせんでもいい。いや君の不満なのはよう分かってる。しかしじゃ、科学というものは君が考えているより、もっと重大なものだ。時には、結婚とか家庭生活よりも重大なものだ。一そう、わしをこわい目で睨むな。よくわかっているよ、君はわしの説に反対だというんだろう。ところがそれはわしの目から見ると君が若いというか、君がまだ多く知らないというか、それから発したことだ

자자. 그렇게 흥분하지 않아도 돼. 자네의 불만은 잘 알고 있네. 그런데 말이야, 과학이란 자네가 생각하고 있는 것보다 훨씬 중대한 것이네. 때로는 결혼이나 가정생활보다 더 중대하지. ―그렇게 나를 무서운 눈으로 보지 말게. 잘 알고 있네. 자네는 내 말에 반대할 테지. 하지만 그 일은 내가 봤을 때 자네가 어리다고 할까, 자네가 아직 잘 모른다고 할까. 그래서 생긴 일이네.

운노 주자, 「우주 여죄수 제1호」, 5면

《소년 구락부》

데즈카 오사무가 소년 시절 탐독했던 당시 인기 소년잡지 《소년 구락부》(1914~1962)에는 【박사어】, 【노인어】를 비롯하여 다양한 역할어가 넘쳐났다(운노 주자도 《소년 구락부》에 기고했었다). 다음은 《소년 구락부》의 인기 기획물인 「골계대학滑稽大學」이다. 「골계대학」은 독자가 투고한 넌센스 퀴즈를 엉터리 박사가 척척 푸는 설정인데 매달 만 통의 응모가 있었다고 한다.

이처럼 엉터리 박사의 말투는 전형적인 【박사어】이다. 삽화에 그려진 박사의 외모 역시 유형적으로 늙은 박사의 모습이다.

「골계대학」 142면

メ博士 久平君、寒いのう。どうぢや賢問が
あるか?愚問はどしどし没にしてくれたまへ!
久平 次に東京の平岡正彬君に一本賢問を願
ひます。
平岡君 メ博士一問。僕がある日横須賀へ行
つたところが、その時士官が二人連で何か持
つて歩いてゐた。さて何を持つてゐたか。又
それは何時であつたか。さア参つたらう。
メ博士 汝等如きに参つてたまるものかい。
士官(四カン)が二人持つてゐたものは八カン
(薬缶)ぢや。そしてそれは夜間ぢやつたの
だ、どうぢや恐れ入つたか。
(…中略…)
メ博士 教へてくれんでもよい。鳴かない(中
ない)ウグヒスぢやから、それはウス(曰)ぢ
や。ウスボンヤリしてゐては分からんも知れ
んが、賢明なる吾輩にはよく分るぢや。

엉터리 박사 히사히라 군, 춥구나. 어떠냐
좋은 질문이 있느냐? 어리석은 질문은 바
로바로 버려라.
히사히라 다음은 도쿄의 히라오카 마사요
시 군에게 좋은 질문을 하나 부탁합니다.
히라오카 군 엉터리 박사에게 한 문제. 내가
어느 날 요코스카에 갔는데, 그때 두 명의
사관이 뭔가 들고 걸었다. 과연 무엇을 들
고 있었을까. 또 그것은 몇 시였을까. 어때?
졌지?
엉터리 박사 너 같은 녀석에게 질 리가 없
지. 사관(네 개의 깡통) 두 명이 가지고 있
던 것은 깡통이지. 그리고 그건 야간이었
지. 어떻냐? 놀랐느냐?
(…중략…)
엉터리 박사 안 가르쳐줘도 돼. 울지 않는
(속이 없는) 꾀꼬리니까 그것은 절구통이
지. 멍청이는 모를 테지만 똑똑한 나는 잘
알지.

「골계대학」, 159면

『다쓰카와 문고』와 연예演藝 속기본

《소년 구락부》보다 조금 일찍 유행한 출판물로『다쓰카와 문고㇐川文庫』가 있다. 1911년경부터 오사카의 재담가講談師가 이야기의 소재를 책으로 엮은 것인데 사루토비 사스케猿飛佐助[4]나 다이코 히데요시太閤秀吉,[5] 미토 고몬水戸黄門[6] 등 역사소설에서 인기 있는 인물의 모험을 다루어 큰 인기를 끌었다. 오사카에서 시작되었는데 도쿄에서도 비슷한 출판물이 나왔다.『다쓰카와 문고』는 대부분 시대극이므로 등장인물의 말투는【무사어】와도 관

도자와 하쿠운사이와 사루토비 사스케(「사루토비 사스케」,『다쓰카와 문고』제40편, 5면)

련 있겠지만, 다음에서 보듯이 「사루토비 사스케」에 나오는 '도자와 하쿠운사이'의 말투는【박사어】,【노인어】와 관련 있다고 보아야 한다. 하쿠운사이는 사스케에게 닌자의 비법을 전수하는 의문의 노인으로 역할은 '박사'와 매우 비슷하다(용례 중 '老'가 하쿠운사이다).

4　【역주】『다쓰카와 문고』에서 창작된 가공인물로 사나다 장군 휘하에 있는 열 명의 용사 중 가장 화려한 닌자 술법을 가진 인물이다.
5　【역주】도요토미 히데요시를 말한다.
6　【역주】미토(지금의 이바라키 현)의 번주인 도쿠가와 미쓰쿠니의 별칭. 세상을 바로 잡기 위해 전국을 유랑하는 이야기이다.

老 コリヤ佐助へ、汝は何故正体なく寝込んで居る、乃公が此処へ来たのが分らぬかと叱り付けられ、佐助は目を擦りへ起き直り

佐 ヤア、之れはお師匠様……

（…中略…）

老 黙れッ、武術を心掛けて居る者が、前後を知らぬ程寝ると云ふ事があるか、暗夜の礫と云ふではないか、何日何時敵に出喰はすやも分らん、万事に油断は大敵じや、今夜は許すが、此の後何日来るやも分らぬから、乃公が来た時寝て居ると、殴りつけるぞッ

と云ひ捨てゝ何処ともなく立ち去った、

노인 "네 이놈 사루스케, 너는 어찌 곯아 떨어지게 자고 있느냐. 내가 여기 온 것을 모르겠느냐."

하고 호통을 치자 사루스케는 눈을 비비며 일어난다.

사스케 "아아, 스승님."

（…중략…）

노인 "시끄럽다. 무술을 배우려는 자가 앞 뒤 분간 못할 만큼 자는 게 말이 되느냐. '한밤중에 날아오는 돌'이라는 속담도 있다. 언제 어디서 적을 만날지 모르니 모든 일에 방심은 금물이다. 오늘은 용서하지만, 앞으로 언제 또 올지 모르니 내가 왔을 때 자고 있으면 두들겨 맞을 줄 알아라" 라는 말을 남기고 노인은 어느새 사라졌다.

「사루토비 사스케」, 초판 1914년

『다쓰카와 문고』가 생겨난 배경에는 연예演藝 속기본의 유행이 있었다. 연예 속기본은 고단講談,[7] 라쿠고落語,[8] 나니와부시浪花節[9]와 같은 재담의 실제 공연을 근대기술인 속기로 기록하여 책으로 엮은 것이다. 시작은 1884년에 간행된 산유테이 엔초三遊亭円朝의 공연 『괴담 목단등롱牡丹燈籠』이 었는데 그 후 도쿄와 오사카에서 비슷한 기획의 출판물이 연이어 등장

---

7 【역주】 고단시講談師라 불리는 재담꾼이 책상에 앉아 부채로 박자를 맞추며 역사소설이나 풍자물을 들려주는 화술 예능이다.
8 【역주】 일본 전통 화술 예능의 하나로 라쿠고가落語家라 불리는 재담꾼이 부채와 손수건 등으로 주로 해학적인 이야기를 들려준다.
9 【역주】 샤미센 반주에 맞추어 곡조 하는 일본식 창으로 오사카에서 발생했으며 주로 의리나 인정을 테마로 한 군담이 많다.

하고 잡지까지 생겨났다. 『다쓰카와 문고』는 속기의 수고를 생략하고 공연자가 직접 기록하는 발상에서 시작되었다.

그런데 이러한 속기본에서도 【노인어】를 볼 수 있다. 『괴담 목단등롱』에 나오는 료세키 화상和尚은 '영험하고 백 년 앞을 내다볼 정도'의 초능력자로 신비한 예언과 충고로 주인공인 고스케를 도와주는 역할을 한다.

良 孝助殿はどうも遁れ難い険難じゃ、なに軽くて軽傷、それで済めば宜しいが、どうも深傷じゃろう、間が悪いと斬り殺されるという訳じゃ、どうもこれは遁れられん因縁じゃ

료세키 아무래도 고스케님이 빠져나가기 힘든 시련이다. 가벼운 상처로 끝나면 다행이지만, 깊은 부상 같구나. 잘못하면 죽을 수도 있겠구나. 아무래도 이번엔 빠져나갈 수 없는 상황이로다.

산유테 엔초, 『괴담 목단등롱』, 초판 1884년

게사쿠의 세계

속기본 이전에 【노인어】가 사용되었을 만한 담화체 작품을 조사해보면 게사쿠戱作[10] 및 가부키로 거슬러 올라간다. 가부키는 뒤에서 언급하고, 메이지 초기에 살아남은 게사쿠의 대표작인 가나가키 로분仮名垣魯文(1829~1894)의 『쇠고깃집 잡담 아구라나베』(1871~1872)에 수록된 「돌팔이 의사의 불섭생」을 보자.

---

10 【역주】에도시대 후기에 유행한 통속소설을 통틀어 일컫는다.

ア、けふハさむかッた〳〵たまに病家から
人がきたと思ツたら愚老などにはなかなか
手も付けられぬ難症の様子じやから切抜や
うとハ思ツたがまゝヨあやうい橋も渡らんけ
れバまぐれ当りといふこともないと勘考して
診察しておる処え親類共から立合せるとい
ふ西洋家の散切医者めが出かけてうせおッ
たでその場をゆずツて直に脱走もきめられ
んから談合して見たところが彼奴なかヽヽ
の功者と見へて愚老なぞが足元へもおッ付
くことでハないからいいかげんなごまかしを
いツて脱して来たが当節のやうに医道が盛
んにひらけてハ一文不通の愚老なぞが医者
の真似をしてゐる処でハないテ

아아, 오늘은 추웠다, 추웠어. 오랜만에 환자가 왔다 싶었는데, 이 늙은이가 쉽게 손 댈 수 없는 난병이어서 빠져나오려고 했지. 에라 모르겠다, 위험한 다리를 건너지 않으면 요행도 없다고 마음을 고쳐먹고 진찰하고 있으니 친척 중에 참관하겠다고 신식머리를 한 의사 놈이 나섰어. 그 자리를 내주고 당장 도망치지도 못해서 담합해 보려했건만, 녀석이 어찌나 능숙한지 이 늙은이는 발끝에도 못 댈 정도라 적당한 핑계를 대고 도망쳤지. 요즘처럼 의사 길이 열려서는 일자무식 늙은이가 의사 흉내 낼 처지가 아니구나.

「돌팔이 의사의 불섭생」, 『쇠고깃집 잡담 아구라나베』 3편 상권, 18정 앞면

「돌팔이 의사의 불섭생」, 『정육점 잡담 아구라 나베』 3편 상

「돌팔이 의사의 불섭생」에서는 단순히 노인이라는 점뿐만 아니라 의사라는 권위 있는 직업을 가진 인물이라는 점에 주목하자. 후세의 '박사'와 통하는 인물이다.

시대를 더 거슬러 올라가 시키테이 산바式亭三馬(1776~1822)의 『우키요부로浮世風呂』(1809~1812)를 예로 보자. 이 곳케이본滑稽本[11]에 등장하는 인물들은 대부분 에도 서민이고 동일본형 언어인 에도어를 사용하는데,

11 【역주】에도 후기에 유행한 서민 소설로 서민의 일상생활이나 풍속을 소재로 주로 대화체로 우스꽝스럽게 비판하거나 풍자하여 인기를 끌었다.

극히 드문 예외가 있다. 그것은 바로 가미가타上方(교토·오사카) 사람과 노인이다. 「우키요부로 전편 상권」에는 '칠십 가량의 노인, 두건에 두꺼운 종이옷과 배자를 입고, 열두세 살 사환에게 유카타를 들게 하고, 지팡이를 짚으며 입을 연신 우물거리는 용모'의 노인이 등장한다.

ばんとう 御隱居さん、今日はお早うございます **いんきょ** どうじや番頭どの。だいぶ寒くなつたの (…中略…) やゆふべは寐そびれてこまり切たて。それに犬めが、ヤないたないた。此としになるが、ゆふべほど犬の吠た晩は覚ぬ	**목욕탕 주인** 어르신 안녕하십니까. **노인** 안녕하신가. 주인장. 꽤 추워졌지. (…중략…) 어제는 말이야, 잠이 안 와 죽을 뻔했네. 게다가 개가 말이야, 어찌나 짖어대는지. 이 나이가 되도록 엊저녁처럼 개가 짖는 밤을 본 적 없었네.

『우키요부로浮世風呂』 전편 상권. 18~19면

이 노인은 에도 사람인데도 서일본형 문법 형식을 많이 쓰고 있다. 왜 에도 노인이 서일본형 말을 사용하는 것일까?

『요쓰야 괴담』에서

후루타 도사쿠古田東朔 씨의 연구(참고문헌 참조)를 보면 근세 후기에는 가부키에서 【노인어】의 표현 유형이 이미 정착했음을 알 수 있다. 후루타 씨는 4세대 쓰루야 난복쿠鶴屋南北(1755~1829)의 가부키 작품 〈도카이도 요쓰야 괴담東海道四谷怪談〉(1825년 초연)에 등장하는 인물의 말투를 가미가타上方풍과 도고쿠東國풍으로 분류하였다. 여기서 가미가타풍이란 서일본

형 문법 형식으로 말하며 단정의 'じゃ', 부정의 'ぬ・ん', ア・ワ행 5단 동사 연용형의 ウ음편('こうだ', 'しもうだ' 등), 형용사 연용형의 ウ음편('よ<u>う</u>わかる', 'あこ<u>う</u>なった' 등)을 사용한다. 반대로 도고쿠풍은 단정의 'だ', 부정의 'ない', ア・ワ행 5단 동사 연용형의 촉음편促音便('かった', 'しまった' 등), 형용사 연용형의 비음편非音便('よ<u>く</u>わかる', '赤<u>く</u>なった' 등)을 사용한다. 그 결과 〈도카이도 요쓰야 괴담〉의 등장인물은 다음과 같이 분류된다.

① 가미가타형 말을 쓰는 사람   무사, 무사의 부인, 노인, 가미가타 사람

② 도고쿠형 말을 쓰는 사람   에도 서민

③ 양쪽 다 쓰는 사람   본래는 무사였지만 서민들과 깊은 관련
이 있는 사람. 그 외

가미가타 지역 사람이 가미가타 말을 쓰는 것은 당연하다. 또 무사와 그 부인이 가미가타풍으로 말하는 것은 뒤에서 언급하겠지만, 무사어가 가미가타 말을 기본으로 하기 때문이다. 여기서 노인이 가미가타풍으로 말하는 인물로 그려진 것에 주목하자. 다음과 같은 예가 있다.

孫平 ア、、何<u>じゃ</u>此衆は。物もらいにし ては、扱人がらのよひ女非人。コレ、こな た衆は此川ばたにいやるからは、ひょっと 爱へ、アノ杉戸にぬふたる男と女の、うき [浮] 死がいが 流 ては来はせぬか。どふ<u>じ や</u>へ。

손페 아아, <u>뭐지</u> 이 무리들은. 거지치고 는 어쨌든 됨됨이가 좋은 히닌[12] 여자이 군. 어이 여보게, 하나 물어보겠네. 혹시 이쪽으로 남녀 시체가 문짝에 꿰매어져 떠내려 오지는 않았나. <u>어떤가</u>, <u>어떤가</u>.

〈도카이도 요쓰야 괴담〉〈초연 1825〉

에도어의 형성

이처럼 가미가타식 어법이 【노인어】에 채용된 배경에는 에도어의 형성 과정과 관계가 깊다. 고마쓰 히사오小松寿雄 씨는 에도어 형성을 제1차 형성기(1596~1657), 제2차 형성기(1764~1771), 제3차 형성기(1804~1829)라는 세 과정으로 나누었다(『에도시대의 국어 에도』). 제1차 형성기에는 무사어가 형성되지만 에도 전체가 방언이 잡거한 상태였다. 제2차 형성기에는 상인층에서도 에도의 공통어라 할 만한 말이 형성되고 있었다. 고마쓰 씨는 이 중에서 '가미가타식 표현과 도고쿠식 표현의 대립은 방언 대립이 아니라 에도어 내부의 계층 대립으로 변질했다'(90면)고 논한다. 제3차 형성기에는 하층민의 도고쿠식 표현이 점차 비 하층민에게 침투해 가는 과정을 볼 수 있다고 한다.

〈도카이도 요쓰야 괴담〉에 보이는 【노인어】는 고마쓰 씨가 말한 제2차 형성기와 제3차 형성기에 나타난 계층 간의 대립을 세대 간의 대립으로 묘사한 것으로 판단된다. 즉, 젊은 층과 장년층이 일찍부터 에도의 새로운 공통어인 도고쿠식 표현을 자신들의 말로 구사하고 있을 때 노년층은 여전히 가미가타식 표현을 규범언어로 여기는 구조가 에도에서 어느 정도 실제로 존재했을 것이다. 가부키는 이 점을 보다 과장되고 도식적이고 기호적으로 등장인물에게 부여한 것이다.

---

12 【역주】히닌非人은 에도시대 최하층민을 일컫는다.

【박사어】·【노인어】의 기원

결국 【노인어】의 기원은 18세기 후반부터 19세기 초까지 에도의 언어 상황으로 거슬러 간다는 사실을 알 수 있다. 그 당시 에도에서는 대부분의 노인은 가미가타풍의 말투를 썼을 것이다. 특히 의사나 학자들의 말투는 보수적이며 예스러워서 눈에 띄었을 것이다. 이 같은 현실이 가부키나 게사쿠 등에 더 과장되게 묘사된 것이다.

그 뒤, 현실에서는 에도에서도 에도어를 사용하는 사람들이 늘었다. 메이지시대에 들어서자 에도어의 문법을 이어받은 새로운 【표준어】가 형성되었다. 그러나 문예 작품과 연극에서는 전통적으로 '노인＝가미가타풍의 말투'라는 구조가 그대로 이어갔다.

【노인어】가 유지되고 전개해 가는 데에는 근대 미디어의 발달과 새로운 장르의 발전이 크게 작용하였다. 전통적인 라쿠고와 담화는 출판미디어의 힘을 빌려 속기본, 『다쓰카와 문고』를 낳았고, 더불어《소년 구락부》와 같은 소년잡지 세계로 이어졌다. 【노인어】는 여기에서 '박사'라는 새로운 캐릭터와 만나 더욱더 만화 작품 속에서 증식해 갔다.

이 장에서는 현대어의 【박사어】가 【노인어】로 전개해 간 과정을 가느다란 실처럼 에도시대까지 거슬러 올라가 보았다. 여기서 다루었던 예는 【박사어】, 【노인어】의 극히 일부에 지나지 않으며 【박사어】, 【노인어】의 전승은 훨씬 더 폭넓으며 흐르는 강과 같다. 그러나 그중에서도《소년 구락부》나 데즈카 오사무는 영향력이 컸다는 점에서 확산에 힘이 실렸을 것이다.

특히 소년 소설이나 소년 만화와 같은 아동용 미디어에 【노인어】, 【박사어)가 사용된 사실은 중요한 의미가 있다. 왜냐하면 역할어와 같은 문화적 스테레오타입의 지식은 유년기에 형성되고 성년이 되어도 사라지지 않기 때문이다. 소년은 어른이 되어 다음 세대의 새로운 작품을 만드는 작가가 되고 또다시 같은 역할어를 작품에서 사용한다. 이런 사이클이 반복되어 현실 사회와는 전혀 무관하게 세대를 넘어 역할어가 이어져 간 것이다. 이 과정에 대해서는 제2장에서 자세히 설명하겠다.

2장

스테레오타입과 역할어

1. 스테레오타입이란 무엇인가
2. '현실' 대 '가상현실'
3. 문화·미디어와 스테레오타입
4. 히어로의 여정

1. 스테레오타입이란 무엇인가

소설가의 고민

시미즈 요시노리淸水義範는 말투와 문체, 화법을 상당히 의식하는 작가이며 언어의 유희를 능숙하게 이용하여 충격적인 작품을 발표하고 있다. 시미즈 씨는 수필 「소설 속의 말」에서 다음과 같이 말한다.

현실에서는 회사에서 상사가 부하에게 일을 부탁할 때 "今日中にやっといてくれたまえ[오늘 중으로 해놓게]"라고는 하지 않는다. 조사해 보면 금방 알수 있다. "それ、今日中にね[그거, 오늘 중으로]"라고 한다. 또는 "今日中にやってもらえるかな[오늘 중으로 해 줄 수 있는가?]"라고도 한다. 심지어 "今日中にやってちょうだいね[오늘 중으로 해 줘]"라고 말하기도 한다.

그러나 소설 속 상사의 대사는 현실의 대화를 테이프로 틀어 놓은 것처럼 "やってちょうだいね[해 줘]"라고는 쓸 수 없다. 쓸 수는 있지만, 그럴 경우 그 상사를 주인공으로 하고 인간성을 자세히 묘사해야 한다. 어느 한 장면에만 나오면서 조연인 상사가 "やってちょうだいね[해 줘]"라고 하면 소설이 뒤틀려 버린다. 그래서 조연 역할인 상사는 "やってくれたまえ"라고 **약속된 말, 기호적인 대사**를 말하고는 곧 사라져야 한다.

이것이 소설에 보이는 이상한 대사성 말투이다.

예를 들어 소설에서 옛날을 기억하는 노인이 등장하여 잃어버린 전설을 말하는 장면이 있다고 하자. B급 소설이라면 노인은 이렇게 말할 것이다.

"わしは見たんじゃよ。知っておるんじゃ[나는 봤네. 알고 있네]"

요즘 わし라고 말하는 노인은 그다지 볼 수 없다. (…중략…) 'じゃ'라니. 무라야마 도이치村山富市[1] 말고는 거의 없을 것이다.

그러나 그렇게 쓰는 것이 소설의 패턴이다. 그렇게 써야 판에 박은 듯이 이해하기 쉽다.

패턴을 따라 하고 판에 박은 듯 알기 쉬운 소설은 그래서 B급 작품이다. 깊이 있는 소설을 쓰려면 이런 판에 박은 대사는 되도록이면 피해야 한다.

그렇지만 현실을 녹음해서 **테이프로 틀어놓은 것 같은 대사를 쓸 수는 없는 노릇이다.** 팔십 세 노인이 "ぼくちゃん知ってるもんねー。昔みたんだもーん[난 잘 알고 있는걸. 옛날에 봤는걸]"이라고도 말하는 것이 현실이기 때문이다. 조연 역할인 노인이 이렇게 말해 버리면 소설은 흔들리고 만다.

소설 속 대화는 **소설용으로 재구성된 허구의 말**이다. 나도 가능하면 이런 식이 아닌 진실한 말을 쓰고 싶지만 완벽하게 그대로 쓸 수는 없다.

시미즈 요시노리, 『일본어 필소강좌日本語必笑講座』, 34~36면

시미즈 씨가 말하는 것이 바로 역할어다. 시미즈 씨는 샐러리맨의 '~たまえ'와 '~じゃ'를 예로 들었는데, 후자는 제1장에서 다루었던 【노인어】이다. 전자를 일단 【상사어】라고 하자.

시미즈 씨는 위 인용 부분에서 역할어와 현실의 차이를 말했다. 게다가 현실과는 차이가 있지만 역할어를 사용하는 편이 '판에 박은 듯 알기 쉽다', 그래서 사용할 수밖에 없다, 라고 말한다. 이것이 제1장에서 말한

---

1 【역주】村山富市(1924~). 일본의 정치가로 제81대 내각총리대신을 역임.

의문 2와 일치한다.

의문 2 【박사어】, 【노인어】는 현실에 없는데도 왜 그럴듯하게 느껴질까?

시미즈 씨는 여기서 중요한 지적을 했다. 조연인 상사는 판에 박은 대로 【상사어】를 사용하면 충분하다. 그러나 좀 더 리얼한 대사를 말하게 하려면 그 인물을 자세히 묘사해야 한다. 반대로 역할어만 사용한 작품은 알기 쉽고 그렇기 때문에 B급 작품이라고 말한다. 제1장을 되새겨보면 근대에 들어 【노인어】, 【박사어】가 눈에 띄는 것은 아동소설, 만화 등 어린이를 위한 작품이거나 일부러 아동용 그림책처럼 만든 작품이다. 여기서 새로운 의문이 생긴다.

의문 3 왜 【상사어】, 【노인어】를 사용하는 인물은 조연인가?

의문 4 왜 역할어를 많이 사용한 작품은 아동용이 많은가?

이 의문을 풀기 위해서 '스테레오타입'이란 개념을 소개하고자 한다.

스테레오타입의 연구

사회심리학, 사회언어학에는 '스테레오타입'이란 개념이 있다. 우리는 일상생활에서 인간을 성별, 직업, 연령, 인종 등으로 분류하곤 한다.

이런 분류(카테고리)에 속한 인간이 공통으로 가지고 있다고 여기는 특징을 스테레오타입이라고 한다. 예를 들면 '일본인은 근면하다', '여성은 감성적이다' 등이다.

'스테레오타입'이란 개념은 1922년의 『공공의 여론_public opinion_』이라는 책에서 저널리스트 리프먼_lippmann_이 처음 사용하였다. 리프먼은 스테레오타입을 처음에는 정보가 넘치는 일상생활에서 효율적으로 생활하기 위해 필요한 구조로 긍정적으로 보았다. 우리는 매일 새로운 사물과 접하면서 생활하는데 그 사물을 하나하나 충분히 관찰하면서 대처할 수는 없다. 그래서 본능이나 문화에 따라 미리 준비된 범주에 눈앞의 대상을 집어넣고 그 범주와 한 묶음이 된 특징, 즉 스테레오타입을 눈앞의 대상도 지니고 있을 것이라고 가정하고 행동한다.

대상을 분류하고 그 대상이 가진 특징을 가정하고 행동하는 처리의 흐름은 모든 동물이 가진 인지적인 특징으로 그리 특별한 것은 아니다. 오히려 이 같은 처리가 없으면 그 종은 멸종해 버릴지도 모른다. 예를 들면 눈앞의 물체가 먹이인지 아닌지 일일이 확인한다면 식사도 못할 것이다.

그러나 인간이 인간을 분류하고 범주화하면 동시에 여러 가지 문제가 생긴다. 즉 인간의 다양한 개별성을 무시하고 외견이나 성별, 국적과 같은 표면적 특징으로 분류하여 스테레오타입에 집어넣고 행동할 때 편견이나 차별이 생겨난다. 예를 들어 '여성은 지적 능력이 남성보다 떨어지고 감성적이며 조직적인 행동에 적응하지 못한다'라는 스테레오타입과 결부된 편견 때문에 여성이 취직하는 데 지장을 받는 것과 같다.

즉 스테레오타입이란 혼돈스런 외부세계를 정리하면서 파악해가는 인간의 인지특성과 결부된 현상이라고 할 수 있다. 인지란 외부세계에 대한 지식 처리를 말한다. 한편 스테레오타입에 관한 지식이 일정한 감정(주로 부정적인 감정)과 결부될 때 그 지식과 감정의 묶음이야말로 '편견'이라고 할 수 있다. 또 편견이 특정한 행동과 결부되어 편견을 가진 사람들로 인해 부당한 결과가 초래될 때 그 행동을 '차별'이라고 한다.

사회 심리학에서는 스테레오타입과 결부된 편견과 차별을 극복하기 위해 국적과 인종에 관한 스테레오타입이나 성별 스테레오타입이 많이 연구되었다. 또 일본인 문화의 특이한 현상으로 혈액형 스테레오타입 연구가 있다.

지금까지 살펴본 바와 같이 역할어란 언어상의 스테레오타입임을 알 수 있다. 스테레오타입의 언어적 측면에 중점을 둔 연구로는 여성어 · 남성어의 구별이 있고 사회언어학 분야에서 비교적 많이 연구 되었다. 이것은 오늘날 활발한 젠더 연구와 호응한 경향이라고 할 수 있다. 그러나 그밖에 어떤 스테레오타입적 언어(즉 역할어)가 존재하는지 또 각각 어떤 기능과 역사를 가지는가에 대한 종합적인 연구는 지금까지 그다지 없다.

2. '현실' 대 '가상현실'

역할어와 위상 · 위상차

지금까지 일본어학에서는 방언 이외의 다양한 일본어를 다루는 분야로 '위상位相'과 '위상차位相差' 연구가 있다. 다나카 아키오田中章夫의 『일본어 위상과 위상차』에서 설명한 위상 · 위상 차이를 보자.

> 말에는 성별이나 세대차 혹은 사회계층 · 직업에 따라 다양한 차이나 대응이 보인다. 또 군대 · 유곽 · 야쿠자 등 폐쇄성이 강한 집단에서는 그 집단 특유의 말이 생기기 쉽다.
>
> 한편 구어와 문어, 시가나 산문 등 표현 양식에 따라 말의 차이와 대립이 생기는 경우도 있다. 연설에는 연설 특유의, 편지에는 편지 특유의 말이 사용되듯이 장면에 따라 차이가 생기는 경우도 있다.
>
> 이와 같이 사회 집단이나 계층, 혹은 표현 양식이나 장면 등에 보이는 말의 특유한 양상을 '위상'이라 하고, 위상에 기초한 말의 차이를 '위상차'라고 한다.(1면)

말의 위상 · 위상차와 역할어는 매우 닮은 부분과 전혀 다른 부분이 있다. 다른 부분부터 설명하면, 말의 위상(차)는 '현실(리얼리티)'에서 나타나는 양상과 차이를 학자가 연구하여 얻어진 것인 데 비해 역할어는 개개인이 현실에 대해 가진 개념이며 소위 '가상현실(버추얼 리얼리티)'인 것이다.

'현실'이라 하면 누가 봐도 확실하다고 생각할지 모르지만 반드시 그렇지는 않다. 위상·위상차는 연구자가 필드 워크나 문헌 조사 등을 거쳐야만 밝혀지므로 일반적인 일본어 화자에게는 보이지 않는 경우가 많다. 오히려 일반인이 가진 지식은 역할어의 지식이다.

본래 위상·위상차 연구에 사용되는 언어자료는 실제로 녹음한 대화를 이용하지만 대부분 소설, 시나리오와 같은 작품을 이용한다. 특히 테이프 녹음기를 사용할 수 없었던 시대의 자료는 작품에서 사용된 예를 이용할 수밖에 없다. 소설, 시나리오 등은 작가가 만든 '가상현실' 세계이며 이 가상세계에서 사용되는 것은 역할어이다. "테이프를 틀어 놓은 듯한 대사는 쓸 만한 게 못 된다."(시미즈 요시노리 씨) 연구자들이 제시한 현실의 위상·위상차는 가상현실의 역할어에서 일정한 과정을 거친 다음 환원적으로 내놓은 것이다.

현실과 역할어와의 거리

제1장에서 본 【박사어】, 【노인어】처럼 현실에는 명백히 존재하지 않는 말투는 역할어이며 위상차는 아니다. 이처럼 역할어와 위상·위상차가 가리키는 대상이 명확히 다른 경우가 있다.

그러나 역할어로도 볼 수 있고 현실의 위상차로도 존재하는 말투가 있다. 이와 같은 경우 역할어와 위상·위상차는 어떤 관계일까? 여성의 말을 예로 보자. 현대 일본어에는 원칙적으로 여성만 사용하는 여성특

유의 표현이라 할 수 있는 어형·어법이 있다. 예를 들면 문말이 상승하는 '明日は雨だ*わ*[내일은 비야]', 감동을 나타내는 '*きれいだこと*![예쁘라!]'와 같은 표현이다. 이것이 여성 특유의 표현임은 일본어 모어화자라면 누구나 알고 있으며 소설이나 드라마의 대화에서도 당연하게 사용된다. 그러나 현실에서 여성이 이런 여성특유의 말을 어느 정도로 자주 사용할까 하는 문제를 일반인들은 알지 못한다. 화자의 연령이나 방언에 따라 차이는 있겠지만 실제로 여성 특유의 표현을 사용하는 빈도는 놀랄 만큼 적다(이 책 제5장 참고). 즉 우리가 가진 역할어의 지식은 결코 현실을 충실히 반영하지 않는다. 현실과의 거리는 가까운 경우도 있는가 하면 현실과 전혀 무관한 경우까지 다양하고 반드시 어떤 형태로든 선입견이 있다고 할 수 있다. 그것은 스테레오타입 지식 전반에 걸쳐 해당된다.

이와 같이 일본어의 다양함을 전반적으로 다루기 위해서는 '현실' 즉 위상·위상차의 관점만으로는 편파적이며 역할어의 관점을 더하는 것이 대단히 중요하다고 할 수 있다.

그런데 여기에서 새로운 의문이 생긴다. 역할어가 현실을 충실하게 재현하지 않는다면,

의문 5 우리는 역할어의 지식을 어디에서, 어떻게 얻는 것일까?

3. 문화·미디어와 스테레오타입

서브타입화

현실 상황이 스테레오타입에 반드시 충실히 반영되지는 않는다는 점은 사회심리학에서 문제시 되었고 이를 설명하기 위해 인간의 심리에서 일어나는 정보처리 모델이 몇 가지 제안되었다. 가미세 유미코上瀬由美子가 『스테레오타입의 심리학−편견해소를 위해』에서 소개한 정보처리 모델을 예로 보자.

가미세 씨는 우리 마음속 어떤 카테고리에 일단 강력한 스테레오타입이 결부되면 현실세계에서 그 스테레오타입에 부합하지 않는 대상을 보아도 스테레오타입 자체를 버리는 것이 아니라 그 대상을 '예외'로 배제하는 경향이 있다고 한다. 이것을 '서브타입화'라고 한다. 예를 들면 '여성은 일을 못 한다'라는 스테레오타입을 가진 사람이 일을 척척 해내는 여성을 보더라도 '저 여자는 커리어 우먼이니까 특별하다'라고 생각하고 여성의 특별한 타입(서브타입)으로 취급한다. 반대로 스테레오타입에 부합하는 여성을 보면 '역시 여자는……'이라고 여기며 스테레오타입이 활성화된다. 결과적으로 어느 쪽이든 스테레오타입 자체는 보존되고 전혀 변하지 않는다.(가미세, 『스테레오타입의 심리학』, 60면)

앞서 언급한 여성 특유의 표현에 대해서도 이 서브타입화가 작용하고 있을 가능성이 있다. 즉, 여성 특유의 표현을 포함해서 '여성은 이렇게 말한다'라는 스테레오타입이 있고, 이에 맞지 않는 말투를 사용하는 여성을 보아도 '남자같이 말한다'라고 카테고리에서 제외시킴으로써 스테레오타입이 보존된다. 한편 유독 여성스럽게 말하는 사람을 보면 당연히 스테레오타입은 강화되고, 비교적 여성스러운 말투에서 벗어나지 않는 보통 말투도 스테레오타입을 약화시키지는 않는다. 결국 일단 굳어진 스테레오타입은 좀처럼 근본이 무너지지 않는다.

이중처리 모델

가미세 씨는 브루어Brewer가 1988년에 제안한 '이중처리 모델'이라는 대인인지 처리모델을 소개했는데 가미세 씨의 요약을 인용하고자 한다.

　타자가 앞에 있을 때 우리는 먼저 상대의 인종·성·연령 등을 자동으로 카테고리에 넣고 판단합니다. 상대를 더 이상 알 필요가 없는(자기와 관련이 없는) 경우 정보처리는 이 단계에서 종료합니다. 그러나 상대를 좀 더 알 필요가 있을 때에는 다음 단계로 넘어갑니다. 브루어는 이 단계에 '카테고리 베이스모드'와 '개인 베이스모드'가 있다고 판단합니다.

　'카테고리 베이스모드'는 머릿속에서 이미 형성된 정보에 근거하여 스테레오타입화시켜 상대를 판단하는 경우입니다. 상대를 그다지 깊이 알 필요가 없는 (자기 관여가 없는) 경우에 선택됩니다. 상대가 카테고리에 잘 맞으면 그것으로 정보처리는 종료하고, 맞지 않으면 특수한 예외로 개별화individuation시켜 이해합니다. 어떤 사회적 카테고리의 일원이지만 예외로 특수한 인물이라고 판단하는 것입니다. 앞에서 서브화에 대해 언급했습니다만 서브화도 이 개별화 과정의 하나입니다. 개별화의 판단이 이루어져도 특정 사회의 카테고리는 활성화되고 카테고리에 근거한 판단이 이루어집니다.

한편 '개인 베이스모드'에서는 상대의 고유한 특징에 주목하여 인상이 형성되며 자기와 깊은 관계에 있기를 원하는 인물에 대해 일어나는 정보처리입니다. 이 단계에서는 카테고리에 관련된 정보는 중요하지 않습니다. 처리과정에서는 스테레오타입에 의거하지 않고 개인화presonalization된 정보처리가 이루어지고 상대가 속한 사회적 카테고리는 개인이 가진 속성 중의 하나가 됩니다.(78~80면)

가미세 씨는 상대가 자기에게 중요한 인물인가 아닌가에 따라 '카테고리 베이스모드'에서 끝날지 '개인 베이스 모드'로 갈지에 대한 차이가 생긴다고 말하고 있다. 이 가설은 흥미롭게도, 2장의 서두에서 인용한 시미즈 요시노리 씨의 에세이에서 도출된 **의문 3**을 잘 설명해준다.

의문 3 왜 【상사어】, 【노인어】를 사용하는 인물은 조연인가?

조연이란 독자가 그다지 관여할 필요가 없는 인물이기 때문에 카테고리 베이스모드로 충분하며 작가는 이에 적합하도록 스테레오타입에 따라 인물을 묘사하면 그만이다. 그러나 주요 등장인물은 개인화된 복잡한 처리를 독자에게 요구해야 한다. 이를 위해서는 오히려 스테레오타입을 깨고 독자의 주목을 끌어야 한다. 이와는 반대로 독자에게 카테고리 베이스모드만 요구하는 작품은 결국 상식적인 스테레오타입이라는 틀을 빠져나오지 못했기 때문에 B급 작품인 것이다.

그런데 서브타입화든 이중처리모델이든 스테레오타입 자체는 현실과 그리 다르지 않다는 가정에서 작용한다. 그러나 【박사어】, 【노인어】는 처음부터 스테레오타입에 맞는 대상이 현실에는 존재하지 않는다. 그뿐만 아니라 현실에는 결코 볼 가능성이 없는 대상조차 우리는 스테레오타입적 지식을 가지고 있다. 언어를 생각해보면 우리는 왕, 공주, 로봇, 우주인, 인디언 등이 하는 말투(모두 일본어이다!)를 이미지로 떠올릴 수가 있다. 우리가 이들(?)을 볼 가능성은 없는데도 말이다(있다 하더라도 이들은 일본어를 사용하지 않을 것이다). 이와 같이 현실을 반영하지 않는 스테레오타입이 어떻게 형성되고 우리가 어떻게 스테레오타입을 받아들이는가에 대한 문제를 설명해야 하지만 서브타입화나 이중처리모델로는 설명하기 어렵다.

분리처리 모델

이 점에 대해 잘 설명해 줄 처리 모델의 가설이 가미세 씨의 책에 소개되어 있다. 데바인이 1989년에 발표한 '분리처리 모델'이다.

데바인은 사회에 널리 보급된 스테레오타입에 관한 지식은 '스테레오타입적 지식' 혹은 '문화적 스테레오타입'이라 부르며 우리가 타당성을 비판하여 검토할 수 없는 유년기에 양육자나 주위 환경으로부터 획득한다고 한다. 문화적 스테레오타입은 어릴 때부터 활성화가 반복되기 때문에 지식의 연합이 견고하다. 그래서 스테레오타입적 지식이 의식과는 상관없이 자동으로 생기는 것은 피할 수 없고 한다. 한편 우리는 교육이나 성장과정에서 문화적 스테레오타입이나 이에 근거한 편견을 부정하는 '개인의 신념'도 획득하므로 문화적 스테레오타입을 회피할 수도 있다고 지적한다.

4. 히어로의 여정

일반적으로 【노인어】의 화자는 단순히 연령이 높다는 속성뿐만 아니라 스토리에서 노인이라는 점과 결부된 특별한 역할을 담당한다. '박사'는 그야말로 특별한 역할의 전형이었다. '박사'는 크게 선한 박사와 악한 박사로 나뉠 수 있다. 데즈카 오사무의 작품을 예로 보면 〈철완 아톰〉의 오차노미즈 박사와 덴마 박사, 〈화성 박사〉의 부톤 박사와 폿포 박사가 이에 해당된다. 박사란 과학이라는 마법과도 같은 힘과 지혜를 가진 자이다. 주인공에게 과학의 힘을 주고 도와주며 이끄는 것이 선한 박사이며, 과학의 힘으로 주인공과 맞서서 괴롭히고 해를 끼치는 것이 악한 박사이다(후자는 소위 '매드 사이언티스트' 계보에 속한다). 그리고 박사뿐만이 아니라 【노인어】의 화자는 주로 선과 악을 포함한 세 가지 유형으로 나뉠 수 있다. 다음과 같은 분류이다.

① 주인공에게 지혜와 교훈을 주며 지도하고 이끄는 조언자
② 계략과 신비한 힘으로 주인공을 함정에 빠뜨리고 괴롭히는 악의 화신(예

: 백설공주의 왕비나 잠자는 숲속의 공주의 마녀)

③노인이기에 착각과 실패를 거듭하고 주인공과 주변인물을 혼란에 빠뜨리며 때로는 주위의 분위기를 완화시켜 관계조절 역할을 하는 인물

(예 : 〈마루코는 아홉 살〉의 도모조 할아버지)

즉【박사어】를 포함한【노인어】의 화자는 현실에서 접할 수 있는 인물을 그대로 일컫는 것이 아니라 이야기의 구조에서 특정 역할을 부여받은 인물인 셈이다.

여기서 이야기의 구조를 흥미롭게 설명한 저서가 있다. 크리스토퍼 보글러의 『작가의 여정*The Writer's Journey*』이다. 보글러는 헐리웃 영화와 시나리오를 분석·비평한 인물로, 신화학자 조셉 캠벨의 저서『천의 얼굴을 가진 영웅*The Hero with a Thousand Faces*』에서 감명을 받았고 그 내용이 영화나 연극의 시나리오를 쓰는 데 매우 도움이 되는 것을 알았다. 그리고 이 연구서를 바탕으로 시나리오 작가가 되기 위한 입문서를 저술하였다. 보글러에 따르면 캠벨은 세계 각지의 신화에 공통적인 구조가 있음을 지적하고 이를 '히어로의 여정hero's journey'이라고 명명했다. '히어로의 여정'은 히어로가 만나는 일정한 역할(조형 : archetype)의 인물과 사건이 시간적 배치라는 모델로 이루어진다. 히어로의 여정은 대략 다음과 같다(여기서 말하는【히어로】는 여성과 남성을 구별하지 않는 용어로 사용되었다).

'평범한 일상'을 보내던【히어로】가 어느 날, 다른 세계의【사자】로부터 '모험을 하라는 소명'을 받는다.【히어로】는 일단 '소명을 거절'하지만 노인인【조언자】의 인도와 격려로 힘을 얻고 여정을 떠난다.【히어로】는 '최초의 관

문'에 부딪히고【관문 수호자】에게 시련을 당한다. 이러한 과정을 통해【협력자】와【적대자】가 분명해진다.【적대자】는【히어로】를 저주하고 괴롭히는【그림자】의 부하이거나【그림자】그 자체이다.【장난꾸러기】는 장난이나 실패로【히어로】들을 혼란에 빠뜨리거나 웃음을 주며 변화의 필요성을 느끼게 한다.【변신 자재자】는【히어로】를 유혹하는 이성이며【히어로】는 이성의 마음을 알지 못하고 의혹으로 괴로워한다. 드디어【히어로】는 '깊은 동굴로 접근'을 시도하여 '고난'을 이겨내고 '검(보상)을 얻는다.'【히어로】는 귀환 하는 도중 죽음에 직면하지만 '재생'을 얻는다. 그 후 '신비의 묘약을 얻어 귀환'을 한다. (보글러, 앞의 책을 요약)

'히어로의 여정'이 보여주는 구조는 우리에게 익숙한 신화, 옛날이야기, 동화에서 전부 혹은 부분적인 유형을 쉽게 찾을 수 있다. 예를 들면「모모타로」[2]에서도 이런 모형을 찾아 볼 수가 있다. 보글러는 이 구조를 분해하고 반복하고 부풀려 근대적인 인물묘사를 더해야만 근대인이 감상할 수 있는 스토리를 만들어 낼 수 있다고 한다. 반대로 인기 있는 영화, 연극, 소설 등은 모험활극, SF, 미스터리, 러브스토리와 같이 장르를 불문하고 반드시 어딘가에 '히어로의 여정'과 같은 구조가 있다고 밝혔다. 보글러가 직접 예를 든 작품으로『오즈의 마법사』,〈라이언 킹〉,〈스타워즈〉,〈타이타닉〉,〈미지와의 조우〉등이 있다. '히어로의 여정'은 지금도 여전히 사람들의 마음을 사로잡는 매력이 있다.

사람들은 왜 '히어로의 여정'에 감동하는 것일까? 켐벨과 보글러의

---

2 【역주】일본의 민담으로 노부부가 강으로 떠내려 온 복숭아 속에서 아기를 발견하고, 그 아기가 자라나 도깨비를 물리치고 재물을 얻어온다는 이야기이다.

주장에 따르면 그 이유는 인류의 선조들이 스스로 겪은 경험을 바탕으로 만들어 낸 소위 인생의 스테레오타입이기 때문이다. 수용자인 우리는 히어로에게 자기 자신을 투영하고 스토리를 통해 자신의 인생 목적과 과정을 알게 된다. 그리고 아이들은 어릴 때부터 변형된 '히어로의 여정'을 보면서 실재 인생을 겪기 전에 스테레오타입적인 인생의 틀이 각인된다.

그런데 역할어의 관점에서 '히어로의 여정'을 보면 흥미로운 대응을 볼 수 있다. 【노인어】의 화자는 세 가지 유형으로 나뉜다고 언급했는데 각각 【조언자】, 【그림자】, 【변신 자재자】라는 역할에 해당된다. 많이 알려진 영화나 소설을 예로 들면, 『스타워즈－제국의 역습』에 나오는 요다는 【변신 자재자】처럼 등장하지만 실은 【조언자】였다. 또 『해리포터와 마법사의 돌』에서는 알버스 덤블도어가 전형적인 【조언자】로 등장한다. 이러한 인물의 발화는 일본어에서 전형적인 【노인어】로 번역되었다.

ヨーダ あったまるぞ、うまいじゃろ	**요다** 따뜻해질 게야, <u>맛있지</u>?
ルーク ヨーダのところまで遠いのかい、こ こからどのくらいかかる?	**루크** 요다가 있는 곳까지 멀어? 여기서 얼마나 걸려?
ヨーダ 近く<u>じゃ</u>よ、すぐ近くに<u>おる</u>	**요다** <u>가깝지</u>. 가까운 곳에 <u>있지.</u>

〈스타워즈－제국의 역습〉

君の母上は君を守るために死んだ。ヴォル デモートに理解できないことがあるとすれ ば、それは愛<u>じゃ</u>。君の母上の愛情が、そ の愛の印を君に残していくほど強いもの だったことに、彼は気づかなかった。傷跡	네 어머니는 너를 지키기 위해 돌아가셨 단다. 볼드모트가 이해 할 수 없었던 것이 있다면 그건 바로 <u>사랑이지</u>. 너에 대한 어 머니의 사랑이, 그 사랑의 흔적을 네게 남 길 만큼 강력한 것인 줄 그는 깨닫지 못했

のことではない。目に見える印ではない……それほどまでに深く愛を注いだということが、たとえ愛したその人がいなくなっても、永久に愛されたものを守る力になるのじゃ。それが君の肌に残っておる。クィレルのように憎しみ、欲望、野望に満ちた者、ヴォルデモートと魂を分け合うような者は、それがために君に触れることができんのじゃ。かくもすばらしいものによって刻印された君のような者に触れるのは、苦痛でしかなかったのじゃ

지. 흉터도 아니고 눈에 보이는 흔적은 아니지만…… 그만큼 깊이 쏟은 사랑은 설령 사랑한 이가 죽어도 영원히 사랑 받은 자를 지키는 힘이 된 거지. 그것이 네 몸에 남아 있단다. 퀴렐처럼 증오와 욕망, 야망으로 가득 차 있고, 볼드모트와 영혼을 나눈 자는 그런 이유로 너를 만질 수가 없었던 게야. 그렇게 아름다운 무언가가 각인된 너를 만지는 건 고통일 테니까.

J. K. 롤링, 마쓰오카 유코 역, 『해리포터와 마법사의 돌』, 440면

이와 같이 독특한 역할어의 화자는 스토리 속에서 일정한 역할을 부여 받는다. 그렇지 않으면 등장하자마자 곧 사라지는 배경과 같은 인물이다. 일본에서 자란 일본어 화자는 어릴 때부터 이야기의 신화적 구조와 함께 역할어를 배우는 셈이다.

그렇다면 화자와 청자가 자기 자신과 동일시하는 【히어로】는 어떤 말을 사용할까. 그것은 전형적인 【표준어】이다. 물론 예외도 있지만 그것은 충분한 배경 설명과 인물묘사를 통해서만 가능하며 그렇지 않으면 우리는 비【표준어】 화자에게 쉽게 자기동일화를 할 수 없다. 반대로 【표준어】 화자라면 우리는 무조건 자기동일화를 할 준비가 되어 있다.

여기서 새로운 의문이 생긴다.

의문 6 히어로는 왜 【표준어】를 사용하는가. 【표준어】란 어떤 말인가?

3장

【표준어】와 비【표준어】

1. 【시골어】는 어느 지역 말인가
2. 【표준어】의 구조와 역할어
3. 【표준어】의 성립
4. 오사카 사람과 간사이 사람의 캐릭터 변천

1. 【시골어】는 어느 지역 말인가

「유즈루」에서

극작가 기노시타 준지木下順二(1914~2006)의 대표적인 희곡으로 「유즈루夕鶴」가 있다. 설화인 「학의 보은」에서 소재를 따온 것으로 1949년의 『부인공론』에 발표되었고, 1952년에는 단 이쿠마團伊玖磨의 작곡으로 오페라로도 만들어졌다. '요효'라는 농부에게서 목숨을 건진 학은 '쓰우'라는 아름다운 여인이 되어 요효와 결혼하고, 요효를 도와주려고 자신의 깃털로 베를 짠다. 그러나 '운즈'와 '소도'라는 나쁜 친구가 요효를 꾀어 쓰우에게 더 많은 베를 짜도록 시킨다. 쓰우는 요효의 순수한 마음이 더럽혀지고 멀어져가는 것을 슬퍼하면서도 베를 계속 짠다. 그러나 요효는 아내의 베 짜는 모습을 보지 말라는 금기를 어기고 쓰우는 영원히 떠나버린다는 줄거리다.

여기서 요효, 운즈, 소도 세 사람은 소위 【시골어】를 쓰는데 이들의 말에는 대단히 흥미로운 특징이 보인다.

与ひょう もうあれでおしまいだとつうがいうだもん。
運ず そげなおめえ。また儲けさしてやるに。
与ひょう うふん……おらつうがいとしゅうてならん。

요효 쓰우가 이제 그걸로 끝이라고 말했는데.
운즈 저런, 자네. 돈을 또 벌어다 줄텐데.
요효 아니. 난 쓰우가 너무 가여워죽겠어.
소도 가엽겠지. 그러니까 천을 더 많이 짜게 해서 돈을 모으는 거야.

惣ど いとしかろうが?だでどんどんと布を
織らせて金を溜めるだ。

기노시타 준지, 「유즈루」, 246~247면

　이 대화에서 밑줄 그은 'だ'는 동일본 방언의 특징에 속하고 이중선을 그은 'いとしゅうて[가여워서]', '(부정)ん'은 서일본 방언의 특징에 속한다(1장 참고). 또 'そげな[그런, 저런]'는 규슈에서 자주 듣는 형태이고 'いとしかろ[가엽겠지]'와 같은 추측형도 일반적으로 서일본의 특징이라 할 수 있다. 이처럼 세 사람의 대화는 어느 지방의 방언이라고는 할 수 없지만 시골스러운 말로 그럴 듯하게 들리도록 표현을 섞어 만들어낸 가짜 방언이다.

　한편 쓰우의 대사는 완벽한 【표준어(여성어)】라 할 만한 말투이다.

つう 与ひょう、あたしの大事な与ひょう、あんたはどうしたの?あんたはだんだんに変って行く。何だか分らないけれど、あたしとは別な世界の人になって行ってしまう。あの、あたしには言葉も分らない人たち、いつかあたしを矢で射たような、あの恐ろしい人たちとおんなじになって行ってしまう。どうしたの?あんたは。どうすればいいの?あたしは。あたしは一体どうすればいいの?

쓰우 요효, 나의 소중한 요효여, 당신은 왜 그렇게 되셨나요? 당신은 점점 변해가요, 왠지 모르지만 나하고는 다른 세상 사람이 되어버렸어요. 내가 알 수 없는 말을 하는 사람들, 언젠가 나를 활로 쏜 무서운 그 사람들과 똑같아졌어요. 당신은 어째서인가요. 나는 어떡하면 좋죠? 나는 어떡해야 하나요?

「유즈루」, 247~248면

　위의 대사에서 보이는 말투의 차이는 작가인 기노시타 준지의 의도를 반영한 것이다. 기노시타 준지가 「유즈루」에 대해 다음과 같이 설명하였다.

결론부터 말하면 여러 지방의 말 중에서 재미있고 효과적인 말을 가져와 내 감각대로 조립하고 혼합한 것입니다. 처음에는 자연스러웠는데 점점 의식적으로 하게 되었고 이런 대사를 조금 입체적으로 사용해 본 것이 『유즈루』(1949)라고 할까요. 세 남자의 말투와 **쓰우**라는 여성이 사용하는 말투(나는 이것을 "순수 일본어"라고 부릅니다만)를 가지고 그들과 그녀가 가진 세계의 공통점과 차이, 마침내 두 세계의 단절을 표현하려고 했습니다.

기노시타 준지, 『희곡의 일본어』, 273면

여기서 기노시타 준지는【시골어】와【표준어】의 효과를 작품 구조에 맞추어 극히 단적으로 설명한다. 이 작품의 수용자(희곡의 독자, 연극의 관객)는 누구에게 감정이입을 할까. 그것은 물론 '쓰우'이다. 즉 기노시타 준지가【표준어】를 "순수 일본어"라고 한 것은 수용자인 일본인이 전혀 거리낌 없이 그 말에 자신의 심리를 동일시할 수 있었기 때문이다. 그 결과 '쓰우'는 히로인의 자격을 얻는다. 이와는 대조적으로 세 남자의 말

〈유즈루〉의 쓰우와 요효(야마모토 야스히데, 우노 시게키쓰)
「유즈루의 세계」 편집위원회, 『유즈루의 세계』, 미라이샤, 1984.

은 수용자의 감정이입을 방해하고 그로 인해 그들은 주변적이며 배경적인 역할만 맡을 수밖에 없다. 남자들의 말이 감정이입을 방해하는 이유

는 동서 각 지방의 방언이 뒤섞여있기 때문만은 아니다(그것도 효과 중의 하나이겠지만). 설령 세 남자의 말이 아주 순수한 동간토東關東 방언이거나 규슈 방언이라 할지라도 기본효과는 그리 변하지 않을 것이다. 게다가 그 효과는 수용자가 일상에서 쓰는 방언과 전혀 상관없다. 수용자가 일본에서 자란 일본어 화자라면 사용하는 방언과는 상관없이 우선【표준어】화자에게 감정이입을 하고 비【표준어】화자는 주변 인물이나 배경으로 취급한다. 달리 말하면 작가는 등장인물에게【시골어】를 사용하도록 하여 그 인물을 적극적으로 주변·배경 인물로 만드는 것이다. 그러기 위해서는 동일본형, 서일본형이라는 차이는 그리 문제가 되지 않는다.

동서 방언이 뒤섞여 있는 예를 소설에서 한번 보자.

"ああ……いや、わしは……な、助役さん……あんた、わしははずかしいで……なにもこんなに近くでやらんでも、よかったろうに……わしに対する、つらあてだったんだべか……もうあんなやつ、息子だとは思わんわ……でも、あんた、村の衆には、黙っておいてくれる<u>べえ</u>な?"
"しかし、一緒に行った二人が、もう知って<u>おるで</u>……"
"そう……そう<u>だべ</u>なあ……いずれ、わし自身も、責任とら<u>ん</u>といか<u>んべ</u>なあ……"

"아아, 난…… 말이지, 보좌관, ……자네, 난 창피해……. 이렇게 가까이에서 안 해도 될 텐데…… 나한테 보란 듯이 말이지. ……그런 녀석은 이제 자식이라고 안 <u>여길게야</u>. 하지만 자네, 마을 사람들한테는 비밀로 해 <u>주겠나</u>"
"그래도 같이 간 두 사람이 이미 알고 <u>있</u>네……."
"<u>그</u>…… <u>그렇지</u>. 언젠가는 나 스스로 책임을 <u>져야</u> 할테지……"

아베 코보, 「꿈의 병사」, 208면

【시골어】의 기원

제1장에서 언급했듯이 18세기 중반까지 에도는 방언 잡거 상태였다. 그중에서도 가미가타上方 말은 비교적 권위가 강했다. 그런데 18세기 후반이 되자 에도 주민들 사이에서 '에도 토박이' 의식이 생겨났고 점차 동일본형 특징을 가진 에도어가 하층 서민 사이에서 보이기 시작했다.

에도어가 에도라는 도시에서 시민권을 얻게 되면서 에도의 게사쿠戱作에 【시골어】가 나타나기 시작한다. 다음은 오타 난보大田南畝(1749~1823)의 샤레본³『세설신어차世説新語茶』(1776~1777년경 간행)의 한 구절로, 야마시타(현재의 우에노 주변)의 유곽에 나타난 '덴고에몬'과 유녀의 대화이다. 덴고에몬은 차림새와 말투에서 시골 무사임을 알 수 있다.

伝 此はしごをのぼるべへかの (…中略…) い ナニおはき物かへそふしてお置なせんし なくなるこつちやァございせん 伝 イヤイヤそふじやァおざんねへうらか国き あじやァがら取違でも過料のヲつん出すもの をとていねいにしまい二階へ い おへねへへんちきだの (…中略…) あん なぞうりせへ仕廻てさ	덴 이 사다리를 올라가는가? (…중략…) 이 뭐, 신발 말인가요. 거기 놔두세요. 없어지지 않아요. 덴 아니, 그럴 순 없지. 우리 고향에서는 신발이 바뀌면 벌금을 물거든(라고 말하며 소중히 품에 품고 이층으로 올라간다). 이 못 말리는 사람이군 (…중략…) 그런 신발을 숨기다니.

오타 난보, 『세설신어차』, 238~239면

이 대화에서 유곽의 손님인 '덴고에몬'은 에도 유곽의 룰에 따라 행동하지 못해 유녀인 '이토'에게서 '이상한 사람'으로 업신여김을 당한다.

---

3 【역주】18세기에 주로 에도에서 유행한 풍속 소설로 화류계의 유흥과 익살을 묘사했다.

이 예에서도 일찍 등장하듯이 에도 게사쿠의 【시골어】 화자는 시골사람이라서 도시인 에도의 코드에서 벗어난 행동을 하고, 그로인해 에도 사람들에게서 비웃음을 당하거나 얕보이는 인물이다. 즉 이방인을 대하는 에도라는 공동체의 태도가 【에도어】와 【시골어】의 대비를 통해 선명하게 묘사되어 있다(이 책 제6장).

『우키요부로浮世風呂』(1809)에는 '시골 출신 하인'인 산스케가 '고향에 있었을 때 장어가 참마가 된 '신기한 일'을 이야기하자 모두가 비웃는 내용이 나온다.

三助 イヤハヤ 腹筋 よる事だて。モノ半分
鰻 だと思つた薯蕷めが、普請中の日数さ
経た内に、薯蕷の 形 ががらなくなつて、
皆 ハア鰻 になつてしまつたア。半分薯蕷
だ物が、がらへ 鰻 なつたもんだから、あ
つちイぬたくり、こつちイのたくり、抓
べいとしても、指の股さ、ぬるへぬるへか
ん出て、によろ ヲりへ 鰻 のぼり イするだ
ア。サア魂消め へ物か。がせうぎにかつつ
かんだらおつちぬべエ。土埋たら 鰻 死て
芋にでもなるべいが。薯蕷斗 なつちやア
元直にならねへ

みなみな アツハ ＼ ＼ ＼ ＼ ＼ ＼ ＼ ＼ ト ひつく
りかへてわらふ

산스케 어허, 배꼽 빠질 일이야. 몸통 반이 장어인 줄 알았던 참마가 공사 중에 참마 모습이 완전히 없어지고 전부 장어가 됐지. 반장어가 완전히 장어가 되어 여기서 꿈틀, 저기서 꿈틀대니 잡으려 해도 손가락 사이로 미끌거리며 빠져나가 꿈틀대며 기어 올라가는 거야. 정신 차리고 꽉 잡으니 죽어버렸어. 땅에 묻으면 장어는 죽어도 토란이라도 되어야지 참마가 되면 본전도 안 되잖아.

모두 하하하.

(하며 배를 잡고 웃는다.)

『우키요부로』 전편 상권, 31~32면

또 『우키요부로』의 작가 시키테이 산바式亭三馬는 『대천세계락옥탐大千世界楽屋探』이라는 곳케이본滑稽本에서 구마가이 나오자네熊谷直実에게는 반토板東

방언⁴을, 다이라노 아쓰모리平敦盛에게는 교토 방언을 사용하게 하였다. 즉 헤이케 이야기의 영웅들에게 【시골어】, 【간사이關西 사투리】를 사용하게 함으로써 영웅성을 없애고 철저히 이질화시켜 희극화하였다.

熊谷 何だ。彼所へ 馬 追立て往のは、己が方の者ちやア有めへ。敵方の者だんべい。大きな声してヤイ、ヤイ、敵だらうぬ待ちやアかれ、トすこし立よどみ ハテナ、ト考へ、ヲゝ夫き、味方だらば原価よ。マア呼つて見べい、と大声はり上ゲ ヲヘイタ、其所さ行ぐのは誰だアヱ。敵か味方か。敵だら名告サ。コレヤイ。ヲゝイへ、平家の大将殿だつべい。引返さつしやい。敵に背後見せる云があるもんだ。根性 穢 へけちな野郎だ。何曾、海の方へ計、馬 乗込むだ。早、引返さねへがな。(…中略…)
敦盛 や何ちやい。けうとい濁音で私を招くが○ハゝア源氏方と見えるはい。何やら云てちやが、浪の音と鯨波音でトント聞えん。

구마가이 뭐지. 저기로 말을 몰고 가는 자는 우리 편이 아닐게야. 적일게야. (큰 소리로) 어이, 적이면 게 섰거라. (조금 주저하며) 아차(라며 생각하고) 거 참. 우리 편이면 본전이다. 에이 불러보자(라고 소리 지르며). 어이, 어이, 거기 가는 놈은 누구냐. 적이냐 아군이냐. 적이면 이름을 대라. 네 이놈, 이놈. 헤이케 대장일게야. 돌아오시오. 적에게 등을 보이다니. 근성이 썩은 놈이야. 왜 바다로 말을 몰지. 빨리 돌아오시오. (…중략…)
아쓰모리 뭐야. 기분 나쁘게 탁한 소리로 나를 부르다니. 아하, 겐지쪽이군. 뭐라지껄이는데 파도소리와 함성소리로 전혀 안 들려.

『대천세계락옥탐』, 384∼385면

여기에서 인용한 에도 게사쿠의 【시골어】는 주로 에도 주변에 위치한 모든 간토 지역의 말이었다. 이에 반해 가미가타 게사쿠의 【시골어】는 교토와 오사카를 둘러싼 주변지역의 말이다. 다음에 제시하는 것은 교토 기온의 유곽을 무대로 한 샤레본 『하동 방언 상침河東方言 箱枕』(1822)의

4　【역주】지금의 간토(關東) 지방의 옛이름을 말한다.

일부분이다.

旦 イヤイヤほめたとてなにも下(げ)されるには およばぬか。 おれらがくにもとに今小まち といふて。 しこ名のついて*を*るげい者が。 いちばん上きりやうじやとおもふたが。 お てまへよりはをとつたものじや。

단 아니, 칭찬한들 무엇에도 비할 바 아 니지. 우리 고향에 요즘 고마치란 별명이 **붙은** 게이샤가 제일 어여쁜 줄 알았는데, 너에 비하면 별거 아니구나.

『하동 방언 상침』, 120면

이와 같이 근세에는 에도와 가미가타(교토·오사카)라는 대규모의 언 어적 균질성을 가진 수용자 층이 성장했다. 각 도시의 주민은 자신들의 언어를 아이덴티티의 근거로 삼고 같은 말을 사용하는 작품의 등장인물 을 자기와 동일시하고, 주변의 【시골어】를 사용하는 인물을 자신들과는 이질적인 존재로 여기며 비웃거나 멸시했다. 이러한 구조는 근대 【시골 어】가 가진 선구적인 기능이지만, 자기동일화의 기반은 에도나 가미가 타라는 지역성에 의존하므로 일상적인 체험과 그리 동떨어진 것은 아니 었다. 근대 【표준어】처럼 일본에서 자란 일본어 화자라면 평소 자신들이 사용하는 방언과는 무관하게 자기동일화를 강요하는 언어를 아직 손에 넣지 않았던 것이다.

2. 【표준어】의 구조와 역할어

역할어로 기능하는 【표준어】

이 책에서 【표준어】는 매우 중요한 개념이다. 다만 일반적인 의미, 혹은 현대 일본어학에서 사용되는 개념인 '표준어'와는 조금 다른 의미로 사용된다.

우선 다음 사항을 주의하길 바란다.

- 【표준어】를 어휘, 음운, 문법·어법적 측면만이 아니라 이 모두를 종합한 어투·문체로써 파악한다.

즉 표준어로 '버리다'를 간사이 지방에서는 'ほる(ほうる)'라 한다든지, '사과'의 악센트는 표준어로 '저고고'라는 개별 현상으로 '표준어'를 바라보는 것이 아니라 전체적인 체계로 파악한다. 더 나아가

- 【표준어】를 역할어의 일종으로 파악한다. 다만, 다른 역할어의 기준이 되는 특수한 역할어다.

【표준어】를 역할어로 본다는 것은 현실 사회의 현상으로 나타나는 언어가 아니라 우리의 개념·지식으로 파악한다는 것을 의미한다. 제2차 세계대전 이전에 '표준어'가 가진 규범적이고 통제적인 이미지를 탈피

하기 위해 그 후 '공통어'라는 말이 사용되었지만 '공통어'는 '(이념은 제쳐두고) 사실상 일본에서 널리 사용되는 언어'라는 의미에서 현상적이고 실태적인 개념이라 할 수 있다. 따라서 우리가 가진 개념으로는 【표준어】가 타당한 명칭이다. 물론 【표준어】를 이상적이고 순수한 일본어로 규정하려는 의도는 아니며 다른 역할어와 마찬가지로 매스미디어와 교육으로 좋든 싫든 유아기 때부터 각인된 지식·관념으로서 【표준어】를 바라본다는 뜻이다. 그렇다면 다른 역할어와는 다른 【표준어】의 특수성이란 무엇일까.

구어와 문어

이 책에서는 【표준어】의 범위를 넓게 파악하며 다음과 같이 세분화된다.

1. 문어
    1) 보통체(ダ·デアル체)
    1) 존경체(デス·マス체)
2. 구어
    1) 공적 구어
    2) 사적 구어
        (1) 여성어
        (2) 남성어

'문어'란 말 그대로 문자로 쓰일 것을 전제로 한 것이며 신문기사, 에세이, 논문, 소설의 지문(특히 소위 3인칭 소설) 등이 이에 속한다. 구어 중에서 '공적 구어'란 많은 사람들 앞에서 공적으로 알리는 경우의 말투(스피치 스타일)로, TV · 라디오의 아나운서나 교사의 수업, 종교인의 담화, 정치인의 연설 등을 예로 들 수 있다. 문어와 공적 구어는 기본적으로 화자의 성별이 적극적으로 반영되지 않는다. 이에 반해 일상 대화에서 사용하는 '사적 구어'는 1인칭 대명사, 종조사, 감동사 등이 절대적 혹은 상대적 척도에서 남성과 여성의 말로 분화된다(이 책 제4장, 제5장).

위의 소분류는 각각 완전히 구별되는 것으로 상정하지 않았다. 예를 들면 공적 구어는 존경체(デス · マス체)를 기본으로 하는데 문어의 존경체와는 거의 구별 되지 않는다. 또 TV 보도 프로그램에서 아나운서가 시청자를 향해 뉴스를 읽을 때는 공적 구어를 사용하지만, 옆에 있는 어시스턴트에게 말을 걸때는 'よ · ね' 등의 종조사와 같은 사적 구어의 요소가 들어간다. 그 연결 부분은 명확히 구분되는 것은 아니며 완만하게 연속되어 있다. 사적 구어의 범위는 아나운서의 인터뷰와 같이 예의바르고 정중한 것부터 '俺は知らねえよ[난 몰라]'처럼 상당히 거친 것까지, 일반적으로는 '도쿄 방언'인 표준어의 범위에서 벗어난 말투까지 일단 【표준어】의 경계 안쪽 혹은 그 주변을 포함한다. 즉 표준어를 문어부터 사적구어체까지 조금씩 그라데이션을 보이면서 전체가 연결되어 있는 체계로 파악하고자 한다.

여기에서 '문어'를 역할어에 포함시키는 것에 부자연스러움을 느끼는 사람도 있을 것이다. 권말 부록의 '역할어의 정의와 지표'를 보더라

도 역할어란 '특정 인물의 이미지를 떠올릴 수 있는' 말투이므로 역할어에는 특정 인물이 말하는 음성언어, 즉 구어를 기대할 것이다. 그렇다면 '문어'는 역할어의 정의에 맞지 않는다. 그러나 일부러 문어까지 역할어로 생각할 수 있는 이유는 문어(특히 보통체(ダ·デアル체)의 표현)가 '어느 누구도 말하지 않는 말' 즉 '어느 누구를 특정 지을 수 없는 말'이기 때문이다. 반대로 【표준어】의 문어에 어휘나 어법을 조금 바꾸거나, 종조사나 인토네이션을 더 하면 즉시 특정 인물의 이미지가 떠오른다. 이런 점에서 【표준어】의 문어는 역할어의 원점, 기준점과 같은 성질을 가지며 그렇기 때문에 문어를 역할어에 포함시킬 필요가 있는 것이다.

역할어도役割語度

이 책에서는 시험 삼아 '역할어도役割語度'라는 개념을 도입하고자 한다. 역할어도란 '어떤 화체(문체)가 특정한 화자를 떠올리게 하는 정도'의 기준이다. 앞으로 언어학이나·심리학적 방법으로 수치가 엄밀히 되겠지만 현 시점에서는 어디까지나 잠정적이고 객관적인 척도로 다루고자 한다.

이 기준에서 보면 【표준어】 중에서도 보통체의 문어는 어떤 특정 화자를 특정 지을 수 없다는 의미에서 역할어도는 0(제로)이다. 예를 들면 다음과 같다.

【표 1】 역할어도

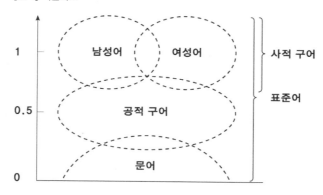

その日は大変よいお天気であった。しかし天気予報によれば、翌日は雨が降る可能性があるらしかった。

> 그날은 아주 날씨가 좋았다. 그러나 일기예보에서 다음날은 비가 내릴 가능성이 있다고 했다.

이에 대해 뚜렷한 개성은 없지만 사적 구어체로 여성, 남성의 차이 정도만 있는 화체는 역할어도 1이라 해두자. 다음과 같다.

> A 今日は大変いいお天気だね
> B ええ、本当。でも天気予報は、明日は雨だろうと言っていたわ

> A 오늘은 날씨가 정말 좋네.
> B 응, 정말. 하지만 일기예보에서는 내일 비가 내릴 거라고 했어.

위의 대화에서 A는 남성이고 B는 여성인 것을 어법에서 느낄 수 있다. 그러나 아주 어린 아이는 아니라도 그 이상의 연령, 직업, 환경을 적극적으로 시사할 만한 것은 보이지 않는다. 이정도의 화체를 대략 1로 설정한다. 그러면【표준어】는 역할어도가 0인 문어, 역할어도가 1인 사적 구어(남성어·여성어)와 그 주변에 분포하는 말(화체·문체)이 된다. 공적 구어는 문어와 사적 구어의 중간으로 역할어도 0.5 정도에 위치한다. 이러한 관계를 도식화하면 〈표 1〉과 같다.

이에 반해 다음과 같이 강렬한 개성을 주장하는 화체는 역할어도가 상당히 높다.

- まったくじゃ。しかし天気予報は明日は雨かもしれんと言っておったぞ

  [과연 그렇군. 하지만 일기예보에서 내일은 비가 온다는군.]
- んだんだ。だけんど、天気予報は明日あ雨さ降るかもしんねえって言ってたべ

  [과연 그렇군. 하지만 일기예보에서 내일은 비가 온다는군.]

이것을 역할어도 5라 할지 10이라 할지에 대한 논의는 그다지 의미가 없으므로 상대적으로 '높다'라고만 하겠다. 이에 비해 앞의 역할어도 1의 대화는 역할어도가 상당히 낮은 셈이다.

역할어도와 자기동일화

여기에서 **의문 6** '히어로는 왜 【표준어】를 사용하는가. 【표준어】란 어떤 말인가'에 대해 생각해보자.

앞에서 언급했듯이 여기서 말하는 【히어로】란 캠벨 / 보글러의 '히어로의 여정'에서 나온 용어이다. 【히어로】란 이야기의 신화적 구조에서 청자·수용자가 영웅에게 자기동일화를 하고 인생의 축도인 스토리를 여행하면서 함께 성장해 가는 존재이다. 이 용어는 성별을 뛰어넘은 통칭으로 사용되기 때문에 여성(히로인)도 포함한다. 이 정의에서 명백히 알 수 있듯이 【히어로】이기 위해서는 청자·수용자가 쉽게 자기동일화를 할 수 있는 특징이 있어야 한다. 이런 특징 중에서 언어적인 측면이 【표준어】인 셈이다.

물론 예외도 많이 있다. 예를 들면 시대극에서 【히어로】는 【무사어】를 사용할 수밖에 없다. 그만큼 역할어도가 올라가고 일반 독자는 자기동일화가 조금은 어려워진다. 그러나 다른 수단으로 주인공의 내면을 확실히 그려내면 이를 뛰어넘을 수 있다. 그래서 【표준어】만이 【히어로】의 필요조건은 아니다. 그러나 특별한 조건이 없으면 【표준어】가 손쉬운 【히어로】의 표식이 된다.

좀 더 자세히 설명하면 역할어도 0의 문어는 어느 누구의 말투도 아니므로 【히어로】의 말투가 되지 않는다. 전형적인 【히어로】의 말투는 역할어도 1+α이다. +α 부분이 각자 【히어로】의 특징이 된다. 또 역할어도 0인 【표준어】의 문어는 어느 누구의 말이 아닌 대신 모두의 마음도 자유롭게 그릴 수가 있는 소위 【내면어】로서 적합하다. 예를 들면

太郎はひどく悲しかった。[다로는 몹시 슬펐다]

라고 말하면 어떤 특정 인물을 관찰한 것이 아니라 순수하게 객관적으로 다로의 내면을 그려낸 듯한 인상이 들지만,

太郎はものごっつ悲しゅうおました。[다로는 몹시 슬펐다]

라고 말하면【오사카 사투리】를 말하는 누군가의 시선에서 본 묘사가 되므로 순수한 내면이라고는 느끼기 어렵다.

그렇다면 왜【표준어】는 특권적 입장을 부여 받은 것일까. 이 의문은 어떤 의미에서 반대다. 이러한 특권적 입장을 부여받은 언어(화체)를 우리는【표준어】라 부르는 것이다. 그러나 이런 의미의 표준어는 에도시대 이전에는 일본에 존재하지 않았다.【표준어】는 일본이 근대 국가로 성장하기 위한 조건으로 만들어진 언어이다. 어떤 말이면 자기동일화를 쉽게 할 수 있는가. 어떤 말이【히어로】의 말로서 어울릴까를 모색하고 실험을 거친 것이 메이지시대 문예개량운동('언문일치운동'도 그 일부분에 해당된다)이다. 언문일치완성을 전후로 학교 교육과 신문·잡지와 같은 매스미디어로 국민을 훈련시키기 시작하였다. 즉【표준어】를 말하는 인물에게 자기동일화시키는 훈련이었다. 그 결과 일본에서 자란 모든 일본어 모어화자는 자신이 속한 언어 커뮤니티와는 무관하게 이야기 속의【표준어】화자에게 쉽게 자기동일화할 수 있게 되었다. 이와는 반대로 가령 화자·수용자는 자신들의 방언이라 할지라도, 이야기 속 방언 화자를 저절로 조연 혹은 배경 인물로 밀어낸다.【표준어】=【히어로어】가 탄생한 것이다.

【표준어】는 제1장에서 확인했듯이 동일본형 방언의 한 종류였다. 그러나 일본 역사가 시작된 이래 에도시대 초기까지 일본 문화의 중심은 간사이 지역이었다. 어떤 과정에서【표준어】가 성립하였고 또 그 결과【간사이 사투리】이외의 서일본형 방언이 어떤 운명을 걸었는지 다음 절에서 살펴보도록 하겠다.

3. 【표준어】의 성립

【표준어】 이전

제1장 3절에서 언급했듯이 메이와시대(1754~1771) 이전의 에도는 방언이 잡거한 상태였고 오히려 서일본형인 가미가타 방언이 높은 권위를 유지하고 있었다. 원래 【무사어】가 서일본형 문법을 기본으로 만들어진 이유는 가미가타 방언의 높은 권위 때문이었다. 또 당시의 가미가타는 경제가 발달하고 서민문화가 번성하여 지카마쓰 몬자에몬近松門左衛門(1653~1724)의 조루리淨瑠璃[5]처럼 가미가타어를 기반으로 한 예술성 높은 작품이 만들어졌다. 그러나 메이와 초기부터 명료한 동일본형 특징을 갖춘 에도어가 하층서민들 사이에서 사용되기 시작하였고 가세이기(1804~1829) 이후 중상층 서민에게도 에도어가 침투했다. 에도어는 샤레본, 기뵤시黃表紙,[6] 곳케본 등의 게사쿠나, 에도 가부키 등에도 활발히 사용되었다. 반면에 닌교조루리人形淨瑠璃나 조루리를 소재로 한 마루혼 가부키丸本歌舞伎는 에도에서 상연되더라도 가미가타와 마찬가지로 가미가타 방언으로 공연되었고 에도에서도 가미가타 사람들이 많았기 때문에 에도 사람들에게도 비교적 익숙한 말이었을 것이다.

한편 에도 후기 가미가타에서는 에도어를 쓰는 에도 사람도 있었지

---

5 【역주】 16세기에 발생한 낭송 예능을 말하며 맹인음악가들이 반주에 맞추어 이야기를 낭송하던 형식이 에도 후기에는 인형극과 접목되어 닌교조루리로 발전했다.
6 【역주】 에도시대 중기에 유행한 삽화가 주된 풍속소설을 말한다.

만, 대다수의 주민들에게 에도어의 영향은 거의 없었다고 할 수 있다. 오사카나 교토의 유곽을 무대로 한 샤레본은 당연히 가미가타어로 쓰여 있었고 가미가타에서 인기를 얻은 연극은, 조루리나 가미가타 가부키 등 모두 가미가타어로 공연되었다.

　에도어나 가미가타어로 쓰인 작품은 서민을 위한 오락이었다. 무사 계급을 중심으로 한 당시의 지식인은 고문古文이나 한문(및 한문을 일본어 순으로 읽은 것)으로 쓰여진 문장만을 읽고 글을 썼다. 에도어나 가미가타어로 쓰인 게사쿠조차 지문은 고문이거나 일본어식 한문이었다. 또 당시의 편지는 '소로문候文'[7]이라는 한문과 구어체의 중간문체가 사용되었다. 결국 일본 전체를 보면 중심을 이룬 문체는 일본식 한문이거나 소로문과 같은 문어라 할 수 있다. 구어체 중에서도 에도어, 가미가타어 만 본다면, 각각의 도시만이 아니라 일본 각지에 영향력을 미쳤지만 오늘날의【표준어】와 비교하면 훨씬 한정된 범위에서 머물러 있었다.

　에도시대에는【표준어】, 즉 모든 일본어 화자를 자기동일화로 유도하는 통일된【히어로어】가 없었다. 에도 사람에게는 에도어가, 가미가타 사람들에게는 가미가타어가【히어로어】였다. 한문과 고문을 읽을 수 있는 지식인에게는 문어가【히어로어】였다. 그러므로 당시에는 어디에서나 누구에게나 통하는 역할어는 있을 수 없었다.

7　【역주】중세에서 근대에 걸쳐 문말에 정중의 조동사 소로(候)를 첨가하는 문체를 말한다.

언문일치 운동과 표준어

메이지시대에 접어들자 일본은 근대국가로서 재출발을 하게 되었다. 그것은 정치, 경제, 군사, 문화 등 모든 측면에서 근대화를 진행 하는 것을 의미했다. 이 모든 문제에 깊이 관여한 것이 언어 문제였다. 언어의 근대화와 관련된 모든 문제를 '국어문제'라 칭한다. 국어문제의 과제는 크게 두 가지이다.

① 교육과 커뮤니케이션의 부담이 적고 동시에 필요 충분한 정보를 정확하게 전달할 수 있는 효율적인 언어체계의 정비
② 국가어로서 어울리는 위신을 갖춘 언어의 확립

효율성과 위신이라는 시대와 상반된 원리 사이에서 논의는 복잡해졌다. 구체적으로 국어문제는 대략 다음 네 가지로 정리된다.

① 문자·표기의 개량(국자國字 문제)
② 문어문법의 정비
③ 언문일치
④ 표준어의 제정과 유통

이 중에서 【표준어】의 성립과 직접 관계있는 것은 물론 ③과 ④이다. 언문일치는 서구의 언어가 말과 글이 거의 차이가 없는 것에서 촉발된 논의로 말과 글을 일치시키자는 것이었다. 그러나 처음부터 통일된 규

범적인 말이 없었기 때문에 언문일치운동은 일방적으로 【표준어】 확정
과 연동된 운동이었던 것이다.

그 당시 글과 일치되는 말로 떠오른 언어 중에는 '소로문'과 같은 편한
문어체나 '~でござる'와 같이 격식이 강한 【무사어】, '~じゃ'와 같은 가
미가타풍의 화체도 포함되었지만, 점차 도쿄의 말로 수렴되었다. 1895
년에 도쿄제국대학 교수인 우에다 가즈토시上田万年가 잡지 『제국문학』 창
간호에 쓴 「표준어에 대해」에서 다음과 같이 밝혔다.

> 바라건대 새롭게 발달해야할 일본의 표준어에 대해 한 마디 올리고자 한
> 다. 나는 작금의 도쿄말이 앞으로 명예를 향유할 만한 자격을 갖춘 것이라 확
> 신한다. 다만 도쿄말이라 하면 일부의 사람들은 바로 도쿄의 '베란메ベランメー'
> 를 떠올리겠지만 결코 그렇지 아니하며 내가 말하는 도쿄말이란 교육받은 도
> 쿄 사람의 말을 뜻한다. 또한 나는 단순히 앞으로 명예를 향유할 만한 자격이
> 있는 것이라 말했고, 결코 현재 명예를 향유할 만한 것이라고는 말하지 않았
> 다. 그것은 일국의 표준어가 되기 위해서는 좀 더 조탁彫琢이 반드시 필요하기
> 때문이다.
>
> 우에다 가즈토시, 「표준어에 대해」, 92면

이 같은 견해는 우에다 가즈토시뿐만 아니라 당시 지식인이 공유한
것이었다. 도쿄말을 표준어 후보로 본 이유를 정리하면 대체로 다음과
같다.

① 도쿄는 에도시대부터 계속 정치·경제의 중심지이고 인구도 많으며 지방

에서 유입된 사람도 많아 도쿄말이 사실상 공통어로서 어느 정도 기능하고 있었다.

②막부 말기 에도어는 무사층까지 퍼져 있었고 상당히 세련된 지식인 계급의 언어였다.

③에도어는 게사쿠나 예능에 많이 사용되어 문자화되거나 공공장소에서 불특정 다수를 상대로 사용되는 언어로 어느 정도 배양되었다.

③에 관해서는 후타바테이 시메이二葉亭四迷가 『나의 언문일치 유래』(1906)에서 『우키구모浮雲』의 언문일치체를 만들어 내기 위해 산유테이 엔초三遊亭円朝의 속기본 『괴담 목단등롱牡丹燈籠』을 참고했다는 것을 예로 들 수 있다(『괴담 목단등롱』에 관해서는 제1장 3절을 참고). 또한 다음과 같은 지적도 있다.

또 에도 말기부터 메이지에 걸쳐 당시 에도의 일상생활을 그린 닌조본人情本과 같은 소설도 전국에 유포되어 있었다. 이런 소설류의 영향으로 에도(도쿄)말에 대한 이해는 적어도 문자를 읽을 수 있는 식자층 사이에서는 상당히 퍼져 있었다고 생각한다.

메이지18년(1885) 6월에 발행한 신문 「자유등自由灯」에는 이런 투고가 실려 있다.

'옛날에는 다메나가爲永파의 닌조본仁情本으로 익혔던 도쿄말을 지금은 후리가나가 달린傍訓 신문으로 익히기 충분해서 건방진 학생들은 도쿄에 발을 들여놓기 전부터 스스로 도쿄말을 쓸 정도로……'

즉 식자층은 처음에는 다메나가 하루미즈爲永春水의 책으로 도쿄말을 익히고, 나중에는 후리가나가 달린 신문으로 도쿄에 오기 전부터 이미 도쿄말을 알고 있었던 것이다.

미즈하라 아키히토, 『에도어・도쿄어・표준어』, 65면

매스미디어와 【표준어】

메이지시대 이전과 이후로 크게 달라진 것은 매스미디어의 발달일 것이다. 새로운 매스미디어의 발달과 함께 새로운 문예・연예 장르도 생겨났다. 먼저 활판인쇄가 도입(1870년대)되어 출판 미디어가 탄생했다. 이것을 세분하면 일반서적, 신문, 잡지, 교과서, 그 외가 있을 것이다(교과서 및 학교에 대해서는 제5장에서 다시 다루도록 하겠다). 근대문학은 출판 미디어와 함께 발달했다고 할 정도로 소설이나 (신체)시・근대단가・하이쿠와 같은 장르가 탄생하고 발전했다. 특히 신문, 잡지와 같은 정기간행물에서는 각종 읽을거리와 소설, 만화가 탄생하였다.

극장 미디어는 에도시대부터 있었지만 고전적이고 전통적인 이외에 근대적인 장르도 생겨났다. 전자로는 가부키・조루리, 라쿠고落語,[8] 고단講談[9] 등이 있으며, 후자로는 신극新劇, 번역극, 나니와부시浪花節,[10] 만담 등

---

8 【역주】청중을 대상으로 골계스런 이야기를 과장되고 재미있게 이야기하는 일본의 대표적 화술 예능을 말한다.
9 【역주】라쿠고와 함께 대표적 일본의 화술 예능으로 남자 예능인이 혼자 무대 위 책상에 앉아 부채나 딱치기로 추임새를 넣어 가며 전쟁무용담이나 정치이야기 등을 청중에게 들려준다.
10 【역주】서사적인 내용을 일본 전통 현악기 샤미센의 반주로 독특한 억양으로 노래하고

이 있다. 또 극장미디어로는 공연 이외에도 1897년부터 영화가 새롭게 추가되어 기록·보도, 외국극, 시대극, 현대극이 상영되었다.

영화는 이미 영상 복사미디어였지만 음성 복사미디어로는 SP레코더가 1900년대부터 생겨났다. 음원은 고전적이고 전통적인 연극이나 음악 이외에 연설, 나니와부시, 신극, 오페라, 오토기가극お伽歌劇[11] 등 새로운 장르의 연예와 연극이 녹음되었다. 1925년부터는 방송 미디어로 라디오가 추가되어 보도 이외에도 음악과 연극이 방송되었다.

이처럼 메이지·다이쇼 시대에는 새롭고 다채로운 매스미디어가 등장하여 불특정 다수를 대상으로 한 문자, 영상, 음성 전달이 가능해졌다(제2차 세계대전 후 새로운 미디어가 속속 등장했다). 새로운 미디어의 등장은【표준어】성립과 발전에 큰 힘을 실었다. 오히려 매스미디어가 없었다면【표준어】는 의미가 없을 것이다. 이러한 매스미디어의 콘텐츠 대부분은 도쿄에서 만들어졌다(관객석에서 만들어진 콘텐츠에 대해서는 뒤에서 언급하겠다). 예를 들면 문학가 혹은 작가는 대부분 도쿄 사람이거나 지방에서 온 사람들이었다. 그리고 대부분 도쿄를 무대로 도쿄말을 사용하는 인물이 등장하는 소설을 썼다. 예를 들면『당세서생기질當世書生氣質』,『우키구모浮雲』,『다케쿠라베』,『금색야차金色夜叉』,『불여귀不如歸』,『부계도婦系圖』 등이다. 즉 도쿄에서 만들어진 도쿄의 소설을 전국의 독자가 읽음으로써 도쿄말을 사용하는 인물에게 자기동일시하는 훈련이 전국 규모로 이루어진 셈이다. 마찬가지로 모든 미디어를 통해 이와 같은 일이 이루어지고 그 결과【도쿄말】=【표준어】=【히어로어】라는 도식이

연기하는 예능을 말한다.
11 【역주】동화나 옛날이야기를 소재로 한 오페라 가극을 말한다.

완성된 것이다. 이점은 비【표준어】즉, 다양한 역할어가 매스미디어를 통해 생산되고 확장해 가는 것을 의미한다. 매스미디어를 통해 역할어가 문화적 스테레오타입으로 각인된 아이들이 성장하여 콘텐츠의 생산자가 되고 또 다시 매스미디어로 사회에 역할어를 내보낸다. 매스미디어야말로 【표준어】를 포함한 다양한 역할어의 발생, 증폭, 연명장치였던 것이다.

전락하는 【가미가타어】

【가미가타어】는 【표준어】이전의 일본에서 '왕도'의 말이었고, 【에도어】보다 훨씬 높은 권위를 가졌었다. 적어도 가미가타 사람들에게 【가미가타어】는 【히어로어】였을 것이다. 그런데 메이지시대 이후 【도쿄말】이 【표준어】로 되면서 【가미가타어】의 후예인 【오사카 사투리】혹은 【간사이 사투리】는 일개 방언으로 전락하고 말았다. 오히려 다른 방언과는 다른 강력한 역할어로 전락한 것이다. 【오사카 사투리·간사이 사투리】를 말하는 인물은 어떤 인물로 묘사되고 어떤 스테레오타입과 연결되어 있을까.

4. 오사카 사람과 간사이 사람의 캐릭터 변천

파양

후지코 · F · 후지오의 만화 〈퍼맨〉(1966~1968년 《소학 삼년생》에 연재. TV 만화는 1967년부터 방송)의 주인공 스와 미쓰오는 게으르고 겁이 많은 초등학생인데 우주에서 온 외계인이 준 마스크와 망토로 퍼맨으로 변신하여 대활약을 한다. 외계인의 방침(변덕?)으로 퍼맨 2호, 3호, 4호의 친구가 생기는데 2호는 동물원의 침팬지, 3호는 여자아이, 그리고 4호는 통상 '파양'으로 불리는 오사카의 소년이었다. 파양은 첫 등장부터 구두쇠 기질을 발휘하여 친구들을 아연실색케 한다.

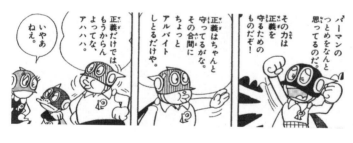

파양(《퍼맨》1, 176면 ⓒ후지코 프로덕션 · 쇼각칸)

パーマン きみはパーマンの力を金もうけに つかっているおか!
パーヤン そうや、それがどないした?
パー子 まあっ、あきれた
パーマン パーマンのつとめをなっと思ってる

퍼맨 너는 퍼맨의 힘을 돈벌이에 쓰는 거야?
파양 그래. 그게 어때서?
파코 정말 질렸어.
퍼맨 넌 퍼맨의 임무를 뭐라고 생각하는 거야. 그 힘은 정의를 지키기 위해서 있는

のだ。その力は正義を守るためのものだぞ!

パーヤン 正義はちゃんと守ってるがな。その合間にちょっとアルバイトしとるだけや。

パーヤン 義だけではもうからんよってな、アハハ。

パー子 いやあねえ。

거란 말이야!

파양 정의는 잘 지키고 있거든. 중간중간에 잠시 알바를 할 뿐이라고.

파양 정의만으로는 돈벌이가 안 되니까. 하하하.

파코 정말 싫어

후지코·F·후지오, 《퍼맨》1, 176면

여기서 의문이 생긴다.

의문 7 【오사카·간사이 사투리】의 화자는 왜 **구두쇠**나 수전노로 많이 묘사될까.

오사카 사람·간사이 사람의 스테레오타입

'파양'은 돈벌이를 제일로 아는 인물로 그려져 있는데 이것은 오사카 사람·간사이 사람 즉【오사카 사투리·간사이 사투리】를 사용하는 인물의 스테레오타입 중 하나이다. 이 외에도 오사카 사람·간사이 사람의 캐릭터로 기대되는 성질을 조목별로 보면 대체로 다음과 같다.

① 남을 웃기기를 좋아하며 농담과 수다를 좋아한다.

② 구두쇠, 수전노, 배금주의자.

③ 미식가, 먹보.

④ 화려한 것을 좋아한다.

⑤ 호색, 저질.

⑥ 끈질긴 근성(역경에 강하고 정력적으로 역경을 뛰어넘는다).

⑦ 야쿠자, 폭력단, 무섭다.

이야기에서 【오사카 사투리·간사이 사투리】를 사용하는 인물이 있다면 위의 특징 중 하나 혹은 둘 이상을 가졌다고 보면 틀림없다.

이런 성격들은 특히 ① / ②~⑥ / ⑦ 세 그룹으로 나눌 수 있다. 그중에서도 ②~⑥ 그룹은 '쾌락·욕망의 긍정과 추구'라는 성질로 정리될 수 있다. 여기서 말하는 쾌락과 욕망은 정치·종교·사회적 이념의 추구나 사회적 존경의 획득과 같은 추상적이고 고매한 것이 아니라 어디까지나 직관적이고 알기 쉬운 금전욕, 식욕, 성욕이다. 이런 추구는 사회적 존경을 필요로 하지 않으므로 남의 눈은 개의치 않게 행동하여 주위로부터 구두쇠, 먹보, 저질, 호색가로 비웃음을 당한다. 화려하게 몸치장을 하는 것은 어차피 돈이 든다면 그 효과가 눈에 보여야 한다는 행동 원리에서 나온 것이다. 끈질긴 근성이라 불리는 남다른 노력도 그 목표는 이상주의적인 것이 아니라 어디까지나 현실적이고 부의 획득이라는 매우 알기 쉬운 것이다.

물론 이러한 성질은 이상주의자들 혹은 중용과 상식을 아는 사람들에게 빈축을 사고 멸시당하기도 하지만 ①의 성질과 결부되어 익살꾼으로 바뀐다. 즉 자신의 욕망을 추구하는 기본 행동을 싸늘한 시선으로 관찰하는 또 다른 자신이 있고 지나친 행동에서 비롯되는 실패를 스스로 웃음거리로 삼음으로써 주위를 즐겁게 하고 분위기를 부드럽게 한다.

또 한편으로 그들의 행동은 자신의 진실된 욕망을 감추고 도도하게 구는 위선자, 권력주의자를 비웃고 이념과 규범에 얽매여 꼼작 못하고 있는 사람들에게는 자신의 욕망을 직시하라는 메시지를 보내기도 한다. 즉 오사카 사람·간사이 사람에게 부여된 역할은 '장난꾸러기'와 다름 없다. 이야기 속 장난꾸러기의 심리적 기능을 『작가의 여정』에서 보자.

> 장난꾸러기는 몇 가지 중요한 심리적 기능을 한다. 그들은 거대한 자아를 벗겨내고 주인공과 독자들에게 현실을 직시하게 한다. 건강한 웃음을 유발시 킴으로써 사람들의 일상적인 유대관계를 일깨우고, 어리석은 행동과 위선을 지적한다. 결국 그들은 때때로 침체된 심리적 상황의 불균형과 부조리에 주 의를 일깨워 건전한 변화와 변용을 일으킨다. 그들은 불균형과 부조리의 천 적이다. 장난꾸러기의 힘은 익살스런 실패나 말실수(그것이 우리에게 변화의 필요성을 일깨워준다)로 표현된다. 우리가 지나지게 심각해져 있을 때 우리 의 인격 중 일부인 장난꾸러기가 불현듯 튀어나와 필요한 시점을 되찾도록 해 줄 수 있다.
>
> 보글러, 『작가의 여정』 제2판, 77면

여기에서 '익살스런 실패와 말실수'를 '극단적인 현실주의, 과도한 수다와 끝없는 농담'으로 바꿔보면 그대로 오사카 사람·간사이 사람의 스테레오타입이 된다.

또 ⑦의 성질은 ①~⑥과는 기원이 조금 다르다고 할 수 있다. 현실의 쾌락을 추구하는 것을 폭력과 결부시켜보면 '야쿠자', '폭력단'으로 이 어지는 셈이므로 결코 무관한 성질이라고는 할 수 없지만 원래 오사카 사람·간사이 사람의 스테레오타입은 오히려 비폭력적이고 유약한 성질이라고도 할 수 있다. 이점에 대해서는 뒤에서 고찰하도록 하겠다.

오사카 사람·간사이 사람의 루트

이와 같은 오사카 사람·간사이 사람의 스테레오타입은 에도시대 후기에 상당히 완성되었던 것으로 보인다.

우선 짓펜샤 잇쿠十返舍一九의 『도카이도추히자쿠리게東海道中膝栗毛』(1802~1809)를 보자. 야지와 기타 두 사람이 교토와 오사카에 들어가면서부터 몇 번이나 '구두쇠'라는 말을 입에 달고 있는 것을 보더라도 가미가타 사람들은 탐욕스럽고 특히 타지 사람에 대해서는 가차 없는 성질이 강조되어 있다.

> **기타하치** 잘라보지 않아도 엄청나게 아플 것 같은 면도날이군.
> **이발사** 당연히 아프겠지. 이 면도칼을 언제 갈았는지도 잊었소.
> **기타하치** 뭐? 그럴 리가. 왜 면도할 때마다 칼을 안 가는 거요?
> **이발사** 그야 면도 때마다 갈면 칼이 닳잖소. 손님 머리가 아픈 건 나야 3년도 견딜 수 있지.
>
> 『도카이도추히자쿠리게』 5편 추가, 298면

> **기타하치** (…중략…) 떡이라고는 고작 서너 개 넣고 파를 찔끔 얹은 걸 한 돈이라니, 과연 교토 사람들은 구두쇠로군. 소문난 대로 대단한

근성이야.

『도카이도추히자쿠리게』 6편 하권, 363면

기타하치 허참, 사헤이 씨, 타지 사람이라고 이리도 바보로 보다니. 저녁밥이
왜 이리 이렇게 비싸단 말이요. 가미가타 사람 모조리 구두쇠야. 소
문난 대로 무서운 사람들이야.

사헤이 아니 당신이 독한거지. 어찌됐건 먹은 건 돈을 내야지. 안 그러면 내가
불쌍하지.

『도카이도추히자쿠리게』 8편 하권, 472면

대체로 『도카이도추히자쿠리게』의 작가는 가미가타 사람을 방심하
면 안 되고 뻔뻔한 사람으로 묘사했다. 교토의 여인숙(제7편)에서 야니
와 기타는 비싼 돈을 안내려고 기지를 발휘하지만 반대로 주인에게 설
득당한다.

시키테이 산바의 『우키요부로』(1809~1813), 『우키요도코浮世床』(1813
~1814)에는 가미가타 사람 세 명이 등장하는데 앞에서 본 ①~④의 성
질을 유감없이 발휘하고 있다. 먼저 『우키요부로』 2편 상권에는 '가미
가타 출신 여자'(이하 '가미'라 한다)와 '오야마'의 대화가 있다. 오야마는
에도 여성이다. '가미'는 '땅딸막한 풍채에 흰 피부, 입술이 두껍고 눈언
저리를 붉게 칠하고 입술은 검게 윤나도록 바르고, 김으로 대모갑이 벗
겨지지 않게 흰 종이로 비녀를 둘둘 말았다.(3편 하권에서는 에도 여성들은
이러한 가미가타풍의 화장이 '야단스럽다'고 비판했다.)

그런데 '가미'는 뚱뚱하다고 한탄하는 오야마의 얘기를 듣고 다음과

같이 말해 오야마를 웃게 한다.

> **가미** 이상하네. 나는 바람에 안 넘어져서 좋다고 여겼는데. 난 말이야 달리기
> 경주를 하면 옆으로 누워서 구르는 게 훨씬 빨라.
>
> 『우키요부로』 2편 상권. 102~103면

또 점심식사로 화제를 돌려 '가미'는 가미가타풍의 자라 요리나 장어
요리가 뛰어나다고 자랑한다. 이에 대해 오야마는 가미가타풍의 장어요
리가 '인색'하다고 비난하고 '먹는 동안 음식이 식으면 그건 그대로 두
고 대신 방금 나온 요리를 먹는 것이 에도 토박이'라고 주장한다. '가미'
는 낭비를 자랑삼아 말하는 에도의 기풍을 비판한다. 이에 대해 오야마
는 너그러운 에도니까 가미가타 사람도 살 수 있는 것이라고 반론한다.

또 '가미'가 에도 사투리, 에도 말을 비판하자 오야마도 고전의 예를
들먹이며 반론하여 에도 말에도 역사적 근거가 있다고 주장한다. '가
미'가【가미가타어】의 우위성을 믿어 의심치 않는 것에 대해 오야마가
당하기만 하는 것이 아니라 옛 노래로 맞서는 것이 인상적이다. 메이
지시대 이후【도쿄어】가 서일본형 방언을 몰아내는 싹이 이미 여기에
서도 보인다.

『우키요부로』 4편 중권에서는 홀로 사는 가미가타 상인 '게치헤베'
(후반에서는 '게치스케'로 잘못 쓰여 있다. 이하 '게치'라 한다)가 등장한다. 우선
'게치'는 목욕탕 지배인을 상대로 자신의 초라한 독신 신세를 재미있고
익살스럽게 말해 주위를 웃게 한다.

게치 때에 따라 국 대신 된장이지. 일단 된장을 핥아먹고 맹물을 마시면 뱃속에서 적당히 국이 되지.

지배인 하하하

『우키요부로』 4편 중권, 255면

다음으로 채소 행상인을 상대로 터무니없는 흥정으로 원하는 가격에 사고 게다가 말린 버섯을 공짜로 챙긴다.

지배인 게치스케 씨. 목소리 크네요. 우리집 앞에서 소리치는 게 두세 거리에서도 울려요. 채소 장사든지 야채장사든지 당신한테 붙들리면 꼼짝 없어요. 역시 가미가타 사람은 빈틈이 없단 말이야. 사람을 잘도 넘어오게 하는군.

게치 잘도 넘어오게 하지. 하지만 무슨 일이든 느긋하게 해야지.

『우키요부로』 4편 중권, 268면

『우키요도코』 1편 중권에서는 '사쿠헤베'라는 가미가타 상인이 등장한다. 이 사쿠헤베도 매우 수다스럽고 과도한 절약가의 일면이 강조되어 있다. 그러나 단지 인색한 것만이 아니라 늘 농담을 즐기고 자신의 실수를 재미있고 익살스럽게 이야기해 주위는 늘 웃음이 끊이지 않는다. 그런 이유에서 사랑받는 인물로 묘사되어 있다.

사쿠 아아. 이제 됐어. 아무튼 이야기가 길어지면 안 되지. 그럼 여러분, 저는 이쯤에서.

빈 좀 더 얘기 해.

사쿠 있어봤자 소용없어.

라며 나간다.

초 나불나불 잘도 지껄이는군.

단 분홍색 배자를 걸치고 나팔을 부는 자라 하는군.

빈 가벼운 사람이야.

『우키요도코』 1편 중권, 127~128면

이와 같이 잇쿠, 산바 모두 가미가타 사람의 특징으로 금전에 대한 끝없는 집착과 끝없는 수다를 과장되게 묘사했다. 그러나 폭력에 대해 살펴보면 가미가타 사람은 느긋함과 유약함이 강조되어 있고 오히려 급한 성격과 곧장 폭력을 행사하는 에도 토박이의 좁은 소견을 꾸짖으며 가미가타 사람이 대화를 통해 해결하는 장점을 설명한다.

사쿠 자자, 그만하게. 그건 남자의 오기가 아니라 고집이지. 정말로 남자의 오기를 보여 주는 것은 멋지게 질문하고 논쟁으로 설득하는 거지. 그래도 납득 안하면 말해도 소용없지 않은가. 재빨리 내버려 두는 게 좋아. 그놈은 바보라 여기고, 지는 게 나아. (…중략…) 자랑은 아니지만 그런 바보는 가미가타에는 없어. 오사카의 기질이 거칠다고는 해도 그 정도는 아니야. 특히 교토는 왕도라서 남자도 여자 같아서 모든 게 특히 부드러워.

『우키요도코』 1편 중권, 121면

이상은 에도 토박이인 짓펜샤 잇쿠와 시키테이 산바의 눈에 비친 가미가타 사람들의 묘사였다. 다른 작가의 작품도 더 검토를 해야 하지만 가미가타 사람의 스테레오타입은 생생한 묘사와 훗날 오사카 사람·간사이 사람의 스테레오타입과 관련해서 고려하면 에도시대 후기에 상당히 완성되었다고 볼 수 있다.

이러한 인간묘사는 당시의 가미가타 문화를 어느 정도 반영한 진실성 있는 것으로 여겨진다. 이하라 사이카쿠井原西鶴의 우키요조시浮世草子[12]의 작품을 떠올려도 마찬가지인데 오사카를 중심으로 한 가미가타 문화에는 현실적이고 경제성을 중시한 기풍이 있었다. 또 폐쇄적인 마켓에서 쓸데없어 보이는 일상적인 대화로 장사의 기회를 잡는 상인의 습관도 관계있으므로 수다를 싫어하지 않고 오히려 환영하는 기풍도 있었다.

산바는 이러한 성질이 에도라는 환경에 놓이면 한층 눈에 띄는 점을 생생하게 보였다. 에도는 무사의 도시로 유교적 금욕주의, 이상주의, 행동주의(무사는 굶어도 유유히 이를 쑤신다)가 지배했다. 반면 가미가타 사람은 돈을 벌려고 에도에 왔으므로 에도 토박이의 눈에 주위는 아랑곳없는 수전노로 비쳤을 것이다. 또 가미가타 사람의 조형造形에는 당시 에도에서도 인기가 있었던 기다유부시義太夫節(인형조루리)의 길고 강한 억양의 예풍藝風도 영향을 미쳤을 것이다.

가미가타 사람은 에도처럼 이상주의적이고 영웅적인 인격이 존경을 받는 기풍에서 자연스럽게 장난꾸러기의 역할을 할당 받은 셈이다.

---

12 【역주】에도 전기~중기에 유행한 소설. 이하라 사이카쿠 이후 가미가타를 중심으로 한 현실주의적이고 오락 중시의 서민 문학을 칭한다.

근대 매스미디어 속의 오사카 사람·간사이 사람

근대로 들어서자 일본은 부국강병, 탈아입구라는 새로운 이념을 선택하여 과거에 무사였던 사족이 계속해서 근대 제국을 견인했다. 한층 더 금욕적이고 과묵한 행동주의, 영웅적인 인격이 인기를 끌었다. 따라서 도쿄에서 발신되는 이야기 속의 오사카 사람·간사이 사람은 장난꾸러기일 수밖에 없었던 것이다.

근대에 일어난 【표준어】 운동의 이화작용異化作用도 주목할 필요가 있다. 『우키요부로』에서 '가미가타출신의 여성'은 '오야

엔타쓰·아차코(아키타 미노루, 『오사카 담화사』, 편집공방 노아, 1984, 83면).

마'에게서 만만치 않은 저항을 받았지만, 자신의 언어에 대한 위신은 털끝만큼의 의심도 없었다. 그러나 메이지 말기부터 다이쇼기에 들어 언문일치 운동이 완결되고 한층 더 【표준어】 추진 운동이 전개되자 【표준어】란 '도쿄에서 사용되는 교양인의 말'이라는 인식이 확고해졌다. 【히로인어】＝【표준어】이어야만 했다.

라디오는 【표준어】 보급의 추진력이 되는 한편, 오사카 사투리·간사이 사투리를 전국으로 발신하는 장치가 되었다. 그러나 라디오에서 들려오는 간사이 사투리는 엔타쓰와 아차코로 대표되는 만자이漫才(만담)였다. 엔타쓰와 아차코는 영화에도 진출해 성공했는데 그 과정에서 매스미디어 속 '간사이 사투리＝오와라이ㅎ笑い'[13]라는 공식이 고정화되었

다. 1930년대 엔타쓰와 아차코의 유명한 만담 〈조경전早慶戰〉의 일부를 보자.

エンタツ しかし、僕ね、今こそこんな細いやせた身体をしていますが、これでも学校にいる時分は立派なものだったんですよ。(…中略…)	**엔타쓰** 근데 난 지금은 이렇게 비쩍 마른 몸이지만, 이래뵈도 학교 다닐 땐 멋졌지. (…중략…)
アチャコ 当たり前や、君はどこの学校や?	**아차코** 당연하지. 너는 어느 학교 다녔어?
エンタツ 三高です。	**엔타쓰** 삼고.
アチャコ 三高?ははん、京都でも勉強したんですか?	**아차코** 삼고?[14] 흠, 교토에서 공부했어?
エンタツ 僕はね、どうも不思議と、大阪に住んでいていまだに京都をしらないんです。	**엔타쓰** 난 오사카에 살지만 이상하게도 여태 교토를 잘 몰라.
アチャコ そんな阿呆らしいこと、三高やったら京都やないか。	**아차코** 그런 바보같은 일이. 삼고라면 교토잖아.
エンタツ いいや西宮にしのみやです。	**엔타쓰** 아니 니시노미야.
アチャコ 西宮?そんなところに三高ってありませんよ。	**아차코** 니시노미야? 거기에 삼고는 없어.
エンタツ 西宮第三尋常高等小学校。	**엔타쓰** 니시노미야 제삼보통고등소학교.
アチャコ なんや、僕の言うてるのは、上の学校のことや。	**아차코** 난 또 뭐라고. 내가 말한 건 위의 학교야.
エンタツ 僕の学校は丘の上にあった。	**엔타쓰** 우리 학교는 언덕 위에 있었어.

엔타쓰·아차코, 「조경전早慶戰」, 92~93면

전후 텔레비전이 가세한 뒤에도 간사이에서 발신되는 프로그램은 오로지 코미디 프로가 중심이었다. 1959년의 〈주인님과 견습생〉, 〈바보

---

13 【역주】개그, 코미디 장르의 통칭이다.
14 【역주】교토대학 전신인 제삼고등학교第三高等學校의 약칭이다.

〈지독한 녀석〉〈지바 야스키 감독, 1960〉   사진제공 : 마이니치 방송 〈지배인님과 하인〉
도호 주식회사

덴구とんま天狗〉, 1962년의 〈데나몬야 삿갓なもんや三度笠〉 등이 대표적이다.

또 '오와라이'가 아닌 간사이 발신의 드라마라면 기쿠타 가즈오菊田一夫
의 희곡 〈지독한 녀석がめいつ奴〉과 하나토 고바코花等箇의 '근성물'을 빼놓을
수 없다. 전자는 1959년에 도쿄의 히비야 예술극장에서 상연된 후 롱런
을 달성하고 다음해에는 영화로도 만들어졌다. 오사카의 가마가사키에
서 여인숙을 꾸려나가는 오카 할머니(미마스 아이코 분)의 지독한 자린고
비 행태를 그려내 인기를 끌었고 기쿠타 가즈오가 만든 '가메쓰이[지독
한]'까지 유행어가 되었다.

하나토 고바코의 '근성물'로는 1967년의 〈센바船場〉, 1970년부터 롱
런을 기록한 〈가는 팔 번성기細うで繁盛記〉, 1979년의 〈은어의 노래〉를 들
수 있다. 그리고 작가 하나토 고바코는 시가현滋賀県 출신이므로 그의 드

라마에 나오는 히어로와 히로인은 간사이 사람이라기보다 오우미近工 상인의 이미지가 투영되었겠지만 결과적으로 이런 종류의 드라마가 성공함으로써 '간사이 사람=구두쇠, 근성'이라는 공식이 고정되었다. '파양'은 이런 공식의 연장선에 있는 것이다.

호색 · 폭력과 오사카 사람 · 간사이 사람

지금까지의 분석으로는 간사이 사람과 호색, 폭력과의 결부는 그다지 확실하지 않았다. 물론 호색물이라면 이하라 사이카쿠의 『호색일대남』, 『호색오인녀』와 같은 고전작품을 떠올리겠지만, 근대적 스테레오타입은 기원을 다르게 찾아야 할 필요가 있다. 그런 의미에서 곤 도코今東光 (1989~1977)의 '가와치 시리즈'가 계기였을 것이다. 곤 도코의 가와치 시리즈는 『슌데이니쇼春泥尼抄』(1957) 등이 1950년대 후반부터 집필되었고 대부분은 영화로 만들어졌다. 영화로는 〈슌데이니〉(1958), 〈부엉이 설법〉(1959), 〈고쓰마 호박〉(1960), 〈가와치풍토기 색설법〉(1961) 등이 있다. 곤 도코의 「투계鬪鷄」에 보이는 에너지 넘치고 거친 가와치 사투리를 보자.

よォ。見てるばかりが能やないで。賭ける 銭ないのんか。なかつたら遠慮のういうて みい。器用に貸したるで。せやけんどな。 貸してもろて返す甲斐性ないのは、やめた	자. 보기만 하는 건 능사가 아니야. 결 돈 이 없는가. 없으면 사양치 말고 말해. 제 대로 빌려 줄 테니까. 하지만 갚을 능력이 없으면 그만둬. 어이, 거기 있는 애송이.

つて。おい。そこらにいる若いの。わい等
は軍鶏の見物にうせさらしたんか。それと
も蹴合いに来たんか。どっちやや。はつき
りしたつて。其所のおつさん。どや。(…
中略…) 河内者は百や二百の銭で思案さら
すんか。笑われるで。そない渋ちんのとこ
ろを、あの娘に見せともないわ。さあ、張
つた。張つた。はつて悪いは親爺のドたま
だけや。目ェ剥くほど儲けさしたるで。こ
れでも、よう張らんのか。ほたら、わいが
いたる。わいが相手じゃ。さあ、張つてみ
い。がしんたれめが―

너희는 닭 보러 왔냐, 아니면 닭싸움하러
왔냐. 어느 쪽이야. 제대로 해. 거기 있는
아저씨 어때? (…중략…) 가와치 놈이 백
이나 이백 전으로 머리를 굴려? 사람들이
웃어. 그런 노랭이 짓은 저 아가씨에게 보
이지 마. 자. 걸어, 걸어, 걸어서 나쁜 건
아버지의 머리뿐이야. 눈이 튀어 나올 만
큼 벌게 해주지. 그래도 안 걸어? 그럼 내
가 해주지. 내가 상대야. 자, 걸어봐. 이런
겁쟁이들―

곤 도코, 「투계鬪鷄」, 9면

1961년에는 곤 도코 원작의 영화 〈악명惡名〉이 개봉되었다. 〈악명〉은
가와치의 야쿠자 이야기인데 여기서 간사이 사투리와 폭력이 확실히 연
결되었다. 〈악명〉은 큰 인기를 끌어 시리즈로 제작되었다. 또 소위 '야
쿠자 영화'는 1960년대부터 만들어졌지만 그 무대는 도쿄, 요코하마,
가와사키 등【표준어】지역과 함께 오사카, 고베, 북규슈, 히로시마 등의
지방이 선택되었다. 예를 들면 야마시타 고사쿠山下耕作 감독의 〈극도極
道〉(1968, 이후 시리즈로 됨)가 대표적이라 할 수 있다. 특히 1975년 이후에
는 간사이를 무대로 한 것이 압도적으로 많았다.

또 호색에 관해서는 노사카 아키유키野坂昭如의 처녀작 〈에로 교사
들〉(1963)도 언급할 필요가 있다. 외잡하기 그지없는 내용과 생활감 넘
치는 오사카 사투리가 매치되어 강렬한 인상을 독자에게 준다.

"考えてみたら東京弁があかんねんわ。あいつらの口きいてたら、ほんまのことかて嘘いうてるみたいや、感情こもってえへんちゅうのかな、雨の夜のテープかて、ヒトニハサダメガオマンネ、ナア、コレモアンタノサダメヤオマヘンカ、サダメニサカラワンと、サ、ソノテエドケトクナハレ、というこというとったら、あの餓鬼かて満足しよったんや"

생각해보면 도쿄 사투리가 문제야. 그 놈들 말을 들으면 진심인지 거짓말하는 것 같아서. 감정이 없다고나 할까. 비오는 날 밤의 테이프인지. "사람에겐 운명이란 게 있어. 여봐, 이것도 너의 운명이 아닐까. 운명은 거스르지 말아야지. 자, 그 정도는 차버려", 라고 말하니까 그 애송이는 만족했어.

노사카 아키유키, 「에로 교사들」, 7면

만화로는 1975년 〈아!! 꽃의 응원단〉(도오쿠만)에 나오는 아오타 아카미치, 1979년 〈자린코 치에〉(하루키 에쓰미)에 나오는 데쓰와 같이 폭력적이고 에너지 넘치는 캐릭터가 등장했다.

아울러 1985년에는 간사이를 무대로 한 야마구치 파와 이치와 파간의 분쟁이 일어났고(이것을 '오사카전쟁'이라고 한다), 연일 신문지상을 떠들썩하게 하여 '간사이는 무섭다'는 이미지가 한층 더 두드러지게 되었다.

이와 같이 1960년경부터 곤 도코의 여러 작품과 영화, 간사이를 무대로 한 야쿠자 영화로 '간사이 사람＝저질, 폭력적, 야쿠자'의 이미지가 만들어졌고, 70년대부터 양적 증가를 보이다가 80년대에는 실제 사건도 한몫 거들어 확고부동한 스테레오타입이 형성된 것이다.

스테레오타입의 변용

　지금까지 살펴본 바와 같이 간사이 사람, 오사카 사람에 대한 스테레오타입은 에도시대 후기 에도에서 형성된 성질을 핵으로 근대에 들어 몇 가지 성질이 중층적으로 더해졌다. 즉 에도시대에는 '구두쇠' '수다·농담 즐기기'라는 성질이 가미가타 사람에게 부여되었는데 오히려 에도 사람들보다 비폭력적으로 비춰졌다. 근대에는 1930년대 이후 라디오와 텔레비전에서 발신되는 만자이나 코미디 드라마로 '간사이 사투리＝웃음'이라는 공식이 확실해지고, 여기에 1960년경부터 하나토 고바코의 드라마로 '근성'이라는 성질이 더해졌다. 1950년대 이후는 곤 도코의 작품으로 호색과 폭력이 더해졌고 간사이를 무대로 한 야쿠자와 폭력단의 영화로 이러한 성향이 한층 더 강조되었다.

　최근에는 다른 특징이 더해지고 있는 듯하다. 그 계기는 1980년대 초반에 생기기 시작한 '만자이 유행'이다. 간사이 출신의 몇몇 젊은 만자이 콤비가 텔레비전 프로그램에서 폭발적인 붐을 일으키고 콘서트를 열어 부도칸을 만원으로 채우기까지 했다. 이에 동조하듯 1981년부터는 〈우리들은 효킨족〉이라는 프로그램도 시작되어 예능인이 인기를 끌었다. 그전까지 '예능인ぉ笑い芸人'은 일반인들로부터 한 단계 낮게 평가 받았고 그 웃음 속에는 깔보는 시선도 있었지만 이러한 유행을 계기로 예능인도 히어로가 될 수 있음을 보인 셈이다. 젊은이들 사이에서는 '간사이 사투리＝멋지다'는 공식까지 생기고 있다고 한다.

　이런 경향에 박차를 가한 것은 1993년에 결성된 남성 이인조 아이돌 그룹 킨키 키즈KinKi Kids이다. 이들은 잘생긴 외모에 춤과 노래를 잘하는

핫토리 헤지 "내 이름은 핫토리 헤지! 구도 신지와 같은 고교 탐정이야!"《명탐정 코난》 10, 30면 ⓒ 아오야마 고쇼,《주간소년 선데이》(쇼가쿠칸)에 연재 중

일반적인 아이돌의 특징에 간사이 출신을 전면에 내세우고 간사이 사투리를 숨기려 하지 않으며 개그맨 못지않은 개그와 츳코미[15]가 큰 매력이었다. 이들은 처음으로 간사이의 웃음을 요소로 삼은 아이돌이었던 것이다.

오사카 사람·간사이 사람의 캐릭터 변질을 설명 하는 또 다른 증거로는 인기 만화《명탐정 코난》 10에 등장하는 고교생 탐정 '핫토리 헤지'를 들 수 있다. 핫토리는 도쿄의 고교생 탐정인 구도 신지(실제로는 악당들의 약으로 몸이 작아져서 코난이라는 초등학생이 되었다)의 라이벌로 오사카에서 태어나고 자랐다는 설정이다. '오사카 사투리·간사이 사투리'를 쓰지만 그 이외는 별다른 특징이 없다. 즉 돈에 집착하는 것도 아니고 먹보도 아니며 호색도 아니다. 외모도 주인공 구도 신지에게 밀리지 않는 미남으로 묘사되어 있다. 아마도 그전까지의 스테레오타입이라면 파양처럼 좀 더 자극적인 캐릭터로 그려졌겠지만 새로운 점이라면 주인공에 대항하는 강력한 라이벌로 멋지게 그려졌다는 점이다.

그러나 이와 같은 새로운 스테레오타입이 오사카 사람·간사이 사람에게 더해지고는 있지만【도쿄어】=【표준어】=【히로인어】라는 근대 일본어의 공식에 큰 변동이 있는 것은 아니다. 핫토리 헤지가 멋져도 어디까지나 주인공 구도 신지의 라이벌이고 넘버 2에 지나지 않는 점도 부정할 수 없다.

---

15 【역주】상대의 말을 날카롭게 추궁하거나 따지는 역할을 말한다.

4장

루트는 【무사어】 - 남성의 언어

1. 【표준어】의 변화
2. 【남성어】의 역사
3. 가면(페르소나)으로서의 역할어

1. 【표준어】의 변화

비 내리다

「비 내리다雨ふり」는 일본인이라면 누구나 알고 있는 기타하라 하쿠슈北原白秋(1885~1942)의 동요이다. 시집 『태양과 목총』(1943)에 발표되어 널리 알려진 노래지만 1절부터 5절까지 정확하게 부를 수 있는 일본인은 의외로 적을지도 모른다.

雨ふり	비 내리다
雨雨、ふれふれ、母さんが	비야 비야 내려라, 엄마가
蛇の目でおむかひうれしいな。	우산 들고 마중 오네 즐거워라
ピツチピツチ チャツプチャツプ	팔딱팔딱 참방참방
ランランラン。	랄랄라
かけましよ、鞄を母さんの	매자 가방을. 엄마
あとからゆこゆこ鐘が鳴る。	뒤를 따라 가자가자 학교 종이 울린다
ピツチピツチ チャツプチャツプ	팔딱팔딱 참방참방
ランランラン。	랄랄라
あらあら、あの子はずぶぬれだ、	어머어머, 저 아이는 흠뻑 젖었네
柳の根かたで泣いてゐる。	버들나무아래에서 울고 있어
ピツチピツチ チャツプチャツプ	팔딱팔딱 참방참방
ランランラン。	랄랄라
母さん、僕のを貸しましよか、	엄마, 내 우산 빌려줄까요
君君この傘さしたまへ。	애야 애야 이 우산 쓰게
ピツチピツチ チャツプチャツプ	팔딱팔딱 참방참방

ランランラン。

僕ならいいんだ、母さんの

大きな蛇の目にはいってく。

ピッチピッチ チャップチャップ

ランランラン。

랄랄라

나는 괜찮아 엄마의

큰 둥근 우산에 들어 간다

팔딱팔딱 참방참방

랄랄라

기타하라 하쿠슈, 『태양과 목총』, 186~187면

여기서 문제는 4절의 가사 중에 '君君この傘さしたまへ(え)[애야 애야 이 우산 쓰렴]'이다. 이 가사에 보이는 'ボク[나]'는 비오는 날 어머니가 마중 나온 것이 기뻐 '팔딱팔딱 참방참방'이라고 노래하는 캐릭터이므로 아무리 보아도 초등학교 저학년, 고학년이라 하더라도 어린 아이이다. 이런 'ボク'가 '君君この傘さしたまえ[애야 애야 이 우산 쓰게]'이라고 하는 것은 현대 감각으로 보면 상당히 아저씨 같은 말투이다. 요즘의 회사 상사도 이런 말은 쓰지 않는다. 이것은 제2장 시미즈 요시노리의 에세이에서 살펴본 바와 같다. 어쩌면 현대에는 【상사어】라 할 수 있는 역할어를 쇼와 18년(1943) 당시에는 초등학생이 사용해도 이상하지 않았던 것이다. 확실히 소년이 '~たまえ[~하게]'를 사용한 예는 쇼와 초기에 많이 보이고 전후戰後에도 쉽게 발견할 수 있다.

다음은 1936년 《소년 구락부》에 연재된 〈괴물 이십 면상怪人二十人面相〉 중 소년 탐정 고바야시가 이십 면상 괴물과 대치한 장면이다.

"名前なんかどうだっていいが、お察しのとおり、ぼくは子供にちがいないよ。だが、二十面相ともあろうものが、ぼくみたいな子供にやっつけられたとあっては、少し名

"이름 같은 거 뭐라도 상관없지만 보시는 바와 같이 나는 분명 어린이야. 하지만 이십 면상이란 자가 나 같은 어린이한테 당하면 체면이 좀 구겨지겠지. 하하하."

折れだね。ハハハハハハ。"
小林少年は負けないで応酬しました。
"坊や、かわいいねえ。……きさまそれで、この二十面相に勝ったつもりでいるのか。"
"負けおしみはよした<u>たまえ</u>。せっかくぬすみ出した仏像は生きて動き出すし、ダイヤモンドはとりかえされるし、それでもまだ負けないっていうのかい。"

고바야시 소년은 지지 않고 대답했습니다.
"귀여운 꼬마군. 네 이놈 그걸로 이 이십 면상을 이겼다고 생각하느냐."
"억지 부리지 말게. 모처럼 훔친 불상은 살아서 움직이고, 다이아몬드는 바꿔치기 당했는데 아직도 안 졌다고 우기는 거냐."

〈괴물 이십 면상〉, 520면

또 다음은 1952년 「철완 아톰－기체인간」에서 '겐이치'가 '～たまえ'를 사용한 예이다.

〈철완 아톰〉 1 99면
© TEZUKA PRODUCTIONS

お茶ノ水博士 アトム / どうじゃ / 人間のふ
りをして煙にとっつかれてみんか"
健一 ねだから / このさいひとつ手を貸して
くれたまえ
アトム オーケー

オ차노미즈 박사 아톰아 어떠냐. 사람인
것처럼 연기 속에 들어가 볼 테냐.
겐이치 그러니까 이번에 한번 도와주게.
아톰 오케이.

데즈카 오사무, 〈철완 아톰〉1, 99면

이처럼 【상사어】의 '～たまえ'는 어느 시기까지는 【소년어】라고 할 만
한 역할어였다. 여기서 다음과 같은 의문이 생긴다.

의문 8 도대체 '～たまえ'라는 표현은 어디에서 왔을까?

의문 9 최근까지 '～たまえ'는 【소년어】로 인식되었는데 왜 지금은 【상사
어】가 되어버렸을까?

역할어도의 변화

제3장에서 살펴보았듯이 【표준어】는 문어, 공식어, 사적 구어라는 완
만하고 연속된 계층성을 지닌다. 사적 구어에서는 【남성어】와 【여성어】
가 나뉘어져 있다. 이정도 레벨의 말투를 역할어도 1(혹은 1+a)로 설정
했다.
문제의 '～たまえ'는 【표준어】이지만 현대에는 '연배가 있고 어느 정

도 지위가 있는 남성'이 동년배 이하에게 사용하는 말로 느껴진다. 즉 【상사어】이다. 그리고 현실에서는 거의 사용되지 않는다.

태평양 전쟁 전의 자료를 조사 해보면 소년을 포함하여 좀 더 넓은 범위에서 사용된 일반적인 어법이었음을 알 수 있다. 즉 언제부터인가 역할어도가 높아진 것이다.

【여성어】는 조금 더 복잡한 과정을 겪었다. 'いやだわ[싫어]' 'よくってよ[좋아]' 'すてきだこと[멋져]'와 같은 표현은 현재 전형적인 여성어로 인식되는데 특히 '～てよ', '～こと'는 상류층 여성의 말이라는 인상이 강하다. 즉 【아가씨어】이다. 메이지 30년경(1926년경)까지 이런 말투는 지식인들로부터 상스럽고 난폭한 말투로 배척당했다. 그런데 여학교를 중심으로 유행하여 태평양 전쟁 전까지는 상당히 일반적인 말투가 되었다. 태평양 전쟁 이후 현실에서는 점차 쇠퇴했고, 현재는 매스미디어의 작품에서 관념적인 【아가씨어】로 살아남은 것에 지나지 않는다.

이번에는 【표준어】에 무엇이 포함되고 무엇이 빠져나갔는지 그 과정을 남성어, 여성어라는 관점에서 살펴보고자 한다.

2. 【남성어】의 역사

【서생어】

메이지시대(1896~1925)를 상징하는 말의 하나로 '서생書生'이 있다. 요즘의 '대학생'에 해당되는데 정규 대학만이 아니라 사숙私塾에 다니거나 딱히 학교를 다니지 않더라도 도쿄의 후견인 집에 기거하면서 잡일을 하며 진학이나 취직 기회를 노리는 젊은이도 서생이라고 불렀다. 여서생女書生이라는 말도 있었지만 기본적으로 서생은 남성이었다.

쓰보우치 쇼요(1858~1935)의 소설 『일독삼탄一讀三歎 당세서생기질當世書生氣質』(1885~1886(메이지 18~19) 간행)에는 메이지 초기의 서생 생활을 과장되면서도 생생하게 묘사되어 있다.

此方に尚もたつたるまゝ。恍然思案の書生
の背中。ポンと打れて。覚えず吃驚
書 ヲや誰かと思つたら須河か。尚君ハ残
つて居たのか。
須 ヲイ小町田。怪しいぞ。あの芸妓を君
ハ知つちよるのか。
ト言はれて覚えず真赤にせし。顔を笑ひに
まぎらしつゝ
小 ナアニ僕が知つてるもんか
須 それでも。ゑらい久しい間だ。君と
談話をしちよ

여기에 여전히 서서 멍하니 생각 중인 서생의 등을 갑자기 치자 저도 모르게 놀란다.
서생 아니, 누군가 했더니. 스가와 아닌가. 너도 아직 남아있었는가.
스가와 야, 고마치다. 이상한걸. 저 게이샤를 알고 있는가.
라고 묻자 고마치다는 저도 모르게 얼굴이 새빨개졌다. 웃음으로 딴청 피우며
고마치다 뭘, 내가 알게 뭐람.
스가와 그런 것 치고는 꽤 긴 시간 자네와 담소를 나누지 않았는가.

つたでハないか

小　あれはナニサ。お客と鬼ごつとかなに
かをして居て 誤つて僕に衝当つたので。
それで僕にわびて居たのサ。

須　さうかァ。それにしてハ大層ていねいだ
なァ。

小　何にが

須　彼がしばへ君の方を。振りかへつて見
ちよつたからサ。余ツ程君をラブ[愛]して
居るぞう

小　アハゝゝゝ。馬鹿ア言ひたまへ。それ
ハそうと。諸君ハモウ不残帰つてしまつ
たのか

須　ウン。今漸く帰してやつた。ドランカ
アド[泥酔漢]が七八人出来おつたから。
倉瀬と二人で辛うじて介抱して不残車にの
せてやつた。モウへ幹事ハ願下だ。アゝ
辛度へ

小　僕ハまた彼処の松の木の下へ酔倒れて
居たものんだから。前後の事ハまるで知ら
ずサ。それやア失敬だつたネエ。ちつとへ
ルプ[手助]すればよかつた

須　ヤ日輪がモウ沈むと見えるワイ。去な
うへ

小　倉瀬ハ如何したか

須　麓の茶屋に俟ちよるじやらう。宮賀が
アンコンシヤス[無感覚]になりおつたか
ら。それを介抱しりよる筈じや。アゝ僕も
酔ふた酔へ。アゝ引。酔ふてハア。枕
すゥ。美人のゥ。膝ァ引。醒てハア。握

고마치다 응. 그건 말이지, 손님하고 숨바
꼭질인가 뭔가를 했는지 실수로 나와 부
딪혔지 뭔가. 그래서 사과를 하고 있었던
걸세.

스가와 그런가. 그렇다고는 해도 꽤나 정
중하군.

고마치다 뭐가?

스가와 그 애가 가끔 자네 쪽을 돌아보던
걸. 꽤나 자네를 러브하고 있는걸.

고마치다 하하하. 바보같은 소리 말게. 그
건 그렇고, 제군들은 모두 돌아갔는가.

스가와 응. 지금 겨우 돌려보냈네. 드렁
커드가 일곱 여덟 명이 나와서, 구라세와
둘이서 겨우 부축해 차에 태웠네. 더 이상
총무는 사절이야. 아아, 힘들어 힘들어.

고마치다 나는 저쪽 소나무 아래에 쓰러
져 있어서 전후 사정은 몰라. 그 일은 실
례했네. 좀 헬프했으면 좋았을 텐데.

스가와 아, 날이 이제 저무는 것 같구나.
가세 가세.

고마치다 구라세는 어찌하고 있나.

스가와 아래 찻집에서 기다리고 있을 거
야. 아아, 나도 취했어. 아아. 취해서. 베
개. 미인의. 무릎. 깨는. 쥐는. 천하의. 권.

るゥ。天下^{てんか}のゥ。権引^{けん}。

쓰보우치 쇼요, 『일독삼탄 당세서생기질』, 63면

위의 두 서생 '고마치다'와 '스가와'의 대화에서 알 수 있는 점은 거의 의미 없는 영어를 많이 쓴다는 것이다. '러브^{love}', '드렁커드^{drunkard}', '헬프^{help}', '언컨셔스^{unconscious}' 등 지금도 외래어로서 확실히 정착되지 않은 말이 많고, 실용성보다는 당시 지적 엘리트들의 순진한 거드름이 표현되어 있다.

'제군^{諸君}'이나 '실경^{失敬}'[16]과 같은 한어도 두드러진다. 메이지시대는 일반적으로 한어의 사용이 급격히 증가했다고 알려져 있는데 특히 '제군', '실경' 등은 서생 용어로 정착한 말이다.

그렇지만 고마치다와 스가와의 말은 방언이라 하더라도 상당히 다른 특징을 보인다. 우선 고마치다의 말에는 소위 방언색이 전혀 없다. 고마치다는 도쿄(에도) 하쿠산^{白山} 출신으로 아버지는 '메이지 유신 때 아주 작은 공적'이 있어 관원으로 뽑힌 것으로 보아 사족^{士族} 가문이다. 【표준어】가 기본으로 삼는 '도쿄의 교육 받은 계층의 남성의 말'이 바로 고마치다와 같은 사족 계층의 말이었음을 추측할 수 있다.

한편 스가와의 말에는 방언 요소가 많다. 이를테면 다음과 같다.

- 知っちょる[알고 있다], しちょった[했다], 出来おった[생겼다]
  俟っちょる[기다리고 있다], なりおった[됐다], 介抱しちょる[보살피고 있다]

---

16 【역주】 '실례'와 같은 말이다.

- きつ*か*(＝きつい)[힘들다]

- 見える*わい*[보인다]

- 去の*う*(＝帰ろう)[가자]

현대 방언의 지식에 비추어 보면 '～ちょる', '～おる' 등은 주고쿠中國 부터 규슈九州지방의 특징이며, 'きつか'라는 형용사 종지형[17]은 규슈북 부의 특징이라 할 수 있다. 즉 서일본형 방언의 특징이 드러나지만 어느 방언인지는 확실하지 않다. 이런 말투에 대해 작가는 일부러 다음과 같 이 주석을 달았다.

　작가 가라사대, 스가와의 말이 어느 지방의 말인지 의문을 갖는 사람이 있 을 것이다. 이는 어느 방언이라고 정하지 않고 서생 사회에서 일어나는 뒤섞 인 전와轉訛언어로 생각해야 할 것이다. 다만 서생 중에는 가미가타 출신이면 서 일부러 도사土佐 방언을 흉내 내는 사람도 있어 일률적으로 어느 방언이라 고 정하기 어렵다.(위의 책)

즉 서생이 되기 위해 전국에서 모인 젊은이 중에는 서일본 출신도 당 연히 있었고 그들의 말이【서생어】에도 반영되어 일종의 유행어가 되었 을 것이다.

　이처럼【서생어】는 고마치다의 도쿄말과 스가와의 서일본형 방언이 섞인 종합적인 말로 파악할 수 있다. 서생들은 점차 정계나 학계의 지도

---

17 【역주】형용사의 활용의 하나로 한국어의 종결형에 해당한다.

자가 되었으므로 【서생어】는 일본에서 지도자 언어의 모태였던 것이다. 고마치다의 말을 정화하면 【표준어】가 되는데 【서생어】 중 【표준어】에서 비롯된 말도 장관, 변호사, 사장, 학자와 같은 소위 '높은 사람'의 말에 종종 나타난다.

예를 들면 메이지시대 지식인의 강연이나 문장(언문일치체로 쓰인 문장)을 살펴보면 존재동사, 진행·상태의 'おる·～ておる'나 부정의 '～ん' 등 의외로 서일본형 특징을 많이 볼 수 있다. 이는 에도시대의 【무사어】나 【노인어】의 전통을 이어 받았을 가능성이 있고, 학문 용어인 한문훈독문漢文訓讀文의 영향도 생각할 수 있다. 또 다른 가능성으로는 스가와의 말처럼 메이지시대 서생들이 사용한 서일본형 방언의 영향을 생각할 수 있다. 예를 들면 다음과 같다.

讀賣に馬骨人言と云ふのを書いて居る匿名先生があるが連りにニイチェの攻擊をやって居る。何人にも解し得らるる事だけは書いて居るが、超人や轉生などの事になると、流石に俗學者の知解に入り難いと見えて一言も述べて居らぬ。こんな手際でニイチェを批評し得らるものならば、世に批評ほど容易なものはあるまいよ。

요미우리에 마골인언(馬骨人言)이라는 글을 쓴 익명의 선생이 있는데 연일 니체를 공격하고 있다. 몇몇에게는 납득할 만한 것을 적었지만, 초인이니 전생이니 하는 것은 역시 천박한 학자의 지식이 들어가기 힘들었는지 한마디 언급도 없다. 이렇게 간단히 니체를 비평할 수 있다면 세상에 비평만큼 쉬운 일은 없을 것이다.

다카야마 조규高山樗牛, 「문예시평文藝時評」, 50면

다음은 나쓰메 소세키夏目漱石(1867~1916)의 『나는 고양이로소이다』 (1905~1907 간행)에서 인용한 것이다. 먼저 주인인 구샤미 선생은 중학교 영어 교사로 서생출신이다. 그래서 그의 말은 【서생어】의 연장선상에 있다고 할 수 있다.

迷亭 "又巨人引力かね"
と立つた儘主人に聞く。
主人 "さう、何時でも巨人引力許り書いて
は居らんき。天然居士の墓銘を撰して居る
所なんだ"
と大袈裟な事を云ふ。

메이테이 "또 거인 인력인가"
라며 선채로 주인에게 묻는다.
주인 "아니네. 늘 거인인력만 쓸 수는 없
지. 천연거사의 묘비명을 고르고 있는 중
이네"
라며 허풍을 떤다.

『나는 고양이로소이다』, 91면

또 이 소설의 지문은 고양이의 독백이지만 고양이는 주인의 말투를
흉내 내고 주인과 마찬가지로 【서생어】를 사용하고 있다.

元来こゝの主人は博士とか大学教授とかい
ふと非常に恐縮する男であるが、妙な事に
は実業家に対する尊敬の度は極めて低い。
実業家より中学校の先生の方がえらいと信
じて居る。よし信じて居らんでも融通の利
かぬ性質として、到底実業家、金満家の恩
顧を蒙る事は覚束ないと諦めて居る。

이집 주인은 본래 박사나 대학교수에게
는 상당히 기가 죽지만, 이상하게도 사업
가에 대한 존경은 매우 낮다. 사업가보다
중학교 선생님이 위대하다고 믿고 있다.
아니, 믿지는 않더라도 융통성이 없는 성
격이라 도저히 사업가나 은행업자의 은혜
를 입을 일은 없을 것이라 체념하고 있다.

위의 책, 108면

서생들의 말에는 앞에서 설명한 서일본형 방언적인 특징 이외에도
공통된 특징이 보인다. 고마쓰 히사오小松寿雄의 『『당서생기질―讀三歎 當世書生
氣質』의 에도어적 특징』에 제시된 '서생어의 특징'을 인용하면 다음과
같다.

① 서생어의 1인칭은 'ぼく' '吾輩'를 많이 사용하고 이 두 가지로 해결된다.

② 2인칭은 'きみ' 한 가지이며 그 외에 인명만 부르기, 인명에 군君을 많이 붙인다.

③ 명령표현으로 '～たまへ' 'べし'를 많이 사용한다.

④ 인사말로 '실경失敬'을 사용한다.

⑤ 그 외 한어·외래어의 사용이 많다.

여기서 특히 주목할 점은 첫째 '～たまへ'이고, 둘째 'ぼく 와 きみ' 및 '吾輩'와 같은 대명사의 사용이다. '～たまえ'는 에도시대 무사가 사용한 말이며 '僕'도 에도시대 무사를 중심으로 한학에 익숙한 계층이 사용하였고 종합적으로 무사계층의 지식인 용어로 보인다. 이러한 점에서 【서생어】는 역시 에도시대부터 【무사어】를 이어받은 사족 계층의 언어로부터 큰 영향을 받았다고 볼 수 있다.

'～たまえ'의 역사

'～たまえ(たまふ)'는 고대 문헌에서부터 보이는 존경동사이다. 원래 신분이 높은 사람이 아래 사람에게 물건을 준다는 의미인데 헤이안平安시대에는 동사의 연용형[18]에 접속하여 동작주에 대한 존경을 나타내는 보조동사의 용법이 발달하였다.

---

18 【역주】 동사 활용형의 하나로 용언에 접속되는 형태를 말한다.

いづれの御時にか、女御・更衣あまたさぶ らひ給ひける中に、いとやむごとなき際に はあらぬが、すぐれて時めき給ふありけり。	어느 천황의 시대인가. 황후와 빈이 많이 계시는 가운데, 최고의 신분은 아니지만 누구보다 총애를 받으시는 분이 계셨다.

『겐지이야기源氏物語 기리쓰보桐壺편』

그러나 '~たまえ'는 헤이안시대에 생긴 '~らる(られる)'나 중세시대 말에 생긴 'お帰りある[돌아가시다]'와 같은 형태에게 존경어 자리를 내어 주고 문어 혹은 고풍스러운 말투에만 남았다. 다만 명령형의 '~たまえ'와 부정형 '~たまうな'만이 에도 무사 계층의 말투 속에 들어갔을 것이다. 다음 예는 샤레본洒落本『진사지원辰巳之園』(1770)의 용례이다. '客'은 선행 문맥에서 무사임을 알 수 있다.

客 さあ、みんな平_{たいら} にへ。(…中略…) 客 是々、屋敷はやしき、爰はここじゃ。 平_{たいら} にし給へ。	손님 자자, 모두 편히, 편히 앉게. (…중 략…) 손님 이봐 이봐. 저택은 저택이고, 여기 는 여기지. 편히 앉게.

『진사지원』, 305면

다음은 고마쓰 햣키가 편찬한 하나시본噺本[19](소담집笑談集) 『경청가聞上手』(1773)에 보이는 예이다. '하인을 꾸짖는 사람'이므로 무사임을 알 수 있다.

---

19 【역주】라쿠고落語, 담소笑談 등을 모은 것으로 특히 에도시대에 유행한 단편 담소집笑談集을 말한다.

悪い癖

心やすいものに、よく家来をしかる人有り。ある時たりて、「晩には皆がくるはづじやから、何もないが、貴様もきてはなし給へ」という。"それは忝イが、貴様は人がゆくと、よく家来をしかる人じやによつて行にくい" "さればおれもたしなむけれど、どふもしかり度てならぬ。わるい癖じや。したが、もふ晩にはしからぬほどに、来てくれ給へ"といふゆへ、"そんなら行かふ"と約束して咄にゆきける。

나쁜 버릇

오랜 친구 중에 늘 하인을 꾸짖는 이가 있다. 어느 날 찾아와 "오늘 밤에는 모두가 모이니 별일은 없지만 자네도 와서 이야기 나누세"라 한다. "그건 고마운 일이네만, 자네는 다른 사람이 가면 늘 하인을 꾸짖으니 가기 어렵네" "그렇다면 나도 참겠지만 아무리 참으려 해도 야단치고 싶어지네. 나쁜 버릇이지. 하지만 오늘 밤에는 더 이상 꾸짖지 않을 테니 <u>와주게</u>"라 말하므로 "그럼 가겠네"라 약속하고 이야기를 나누러 갔다.

『경청기聞上手』, 397~398면

이와 같이 '~たまえ'는 무사 계급의 남성어이며 이것이 그대로 메이지시대 사족士族 계층을 매개로 【서생어】로 들어 간 것이다.

ボク와 キミ

다음으로 'ぼく'라는 1인칭 대명사에 대해 알아보자. 특히 'ぼく'는 'きみ'와 대칭적으로 사용되면서 성립되었다고 기술한 고마쓰 히사오의 「キミ와 ボク―에도 도쿄어에 보이는 대칭사용을 중심으로」에 자세히 나와 있는데 이 논문을 중심으로 살펴보고자 한다. 고마쓰 씨에 의하면 'ぼく'는 원래 유생들 사이에서 겸양 의식이 강한 1인칭 대명사로 사용되었다. 그런데 『목단등롱牧丹燈籠』을 보면 다음과 같은 사용 실태가 있다.

① キミ와 ボク가 대칭적으로 사용된다.

② 『목단등롱』에 사용된 ボク의 대우가치待遇價値는 유생이 사용하는 ボク보다 낮고 가벼운 경어 정도이다.

③ 대칭적 사용의 화자는 환자의 비위만 맞추려고 아첨하는 의사로 일상 회화에 사용된다.

④ ボク와 キミ의 사용자는 아첨꾼 의사뿐만 아니라 젊은 떠돌이 무사인 신자부로까지 퍼져 있었다.

또 아네스트 사토가 편집한 막부 말기의 일본어 회화서 『회화편』(1873) 을 보면 다음과 같이 사용되었다고 한다.

① ボク와 キミ는 서로 대응하는 인칭이다.

② 무사와 교육 받은 사람들 사이에서 대등하게 사용되었다.

'キミ', 'ボク'의 대칭적 사용이 메이지 이전, 에도 말기에 아첨꾼 의사, 무사, 교양인 계층 사이에서 퍼져 있었음을 알 수 있다. 그리고 '～たまえ'와 마찬가지로 사족士族을 매개로 【서생어】로 유입되었다.

고마쓰 씨는 【서생어】에서 【소년어】로 전개되어 가는 것을 추적하였는데, 1992년 간행된 오에 사자나미大工(巖谷)小波의 『당세소년기질當世少年氣質』에 보이는 기요하라 히데마로를 예로 들었다. 히데마로는 13살의 '학습원 소학과 학생'이고 백작 집안의 셋째 아들로 집에서 마차로 통학하는 설정이다.

いいからもう泣くのはお廃し！僕が其饂飩の
代を出してやるから、それを持ッて自家へ
お帰り！

괜찮으니까 이제 그만 울어! 내가 그 만주
값을 내줄 테니 가지고 집으로 돌아가!

이와야 사자나미, 『당세소년기질』, 5면

또 고마쓰 씨는 히구치 이치요樋口一葉의 『다케쿠라베たけくらべ』(1895~
1896년 『문학계』 연재)에서 노부유키를 예로 든다. 노부유키는 용화사라
는 절의 대를 잇는 아들로 똑똑하여 아이들로부터 인정받는 존재이다.
대화 상대인 조키치는 공사 인부의 아들로 욱하는 성질의 난폭한 아이
로 묘사되고 있다. 여기서 조키치는 'おいら' 혹은 'おれ'를, 노부유키는
'僕(ぼく)'를 사용하고 있다.

長吉 己らあ今度のまつりには如何しても乱
暴に仕掛て取かへしを付けようと思ふよ。
だから信さん友達がひに、夫れはお前嫌
やだといふのも知れてるけれども何卒我れ
の肩を持って、（…中略…）
信如 だって僕は弱いもの。
長吉 弱くても宜いよ。
信如 万灯は振廻せないよ。
長吉 振廻さなくても宜いよ。
信如 僕が這入ると負けるが宜いかへ。
長吉 負けても宜いのさ、夫れは仕方が無
いと諦めるから、

조키치 우리들은 이번 마쓰리 때 반드시
제대로 일을 쳐서 복수하려고 해. 그러니
노부야, 네가 그걸 싫어하는 건 알지만 친
구니까 제발 내 편을 들어서 (…중략…)
노부유키 하지만 난 약한 걸.
조키치 약해도 괜찮아.
노부유키 만등은 못 흔들어.
조키치 흔들지 않아도 돼.
노부유키 내가 들어가면 질 텐데 그래도
괜찮아?
조키치 져도 괜찮아. 그건 어쩔 수 없으니
포기할 거야.

히구치 이치요, 『다케쿠라베』, 406~407면

메이지 30년대(1897년경)가 되면 'きみ'와 'ぼく'는 교과서에 등장하고 표준어로서 자리를 굳히면서 널리 보급되었다. 문부성의 『예법요항禮法要項』(1941)은 1인칭에 대해 다음과 같이 규정하였다.

- 1인칭은 통상 '私'를 사용한다. 연장자에게 氏 혹은 이름을 사용할 수도 있다. 남자는 동년배에게 '僕'를 사용해도 되나 연장자에게 사용해서는 안 된다.

또 2인칭에 대해서는 다음과 같이 규정했다.

- 2인칭은 연장자에게는 신분에 상응하는 경칭을 사용한다. 동년배에게는 통상 'あなた'를 사용하고 남자는 '君'을 사용해도 된다.

이상과 같이 고마쓰 씨 논문을 참고로 'ぼく'와 'きみ'의 대칭적 사용은 '~たまえ'와 함께 【무사어】에서 【서생어】를 거쳐 【소년어】로 퍼져간 것을 확인하였다. 기타하라 하쿠슈의 「비 내리다雨降り」는 바로 이 시점의 전형적인 【소년어】를 반영한 시라고 할 수 있다.

그러나 'ぼく', 'きみ'와 '~たまえ'는 그 후 조금 다른 길을 걷게 된다. 【서생어】의 후계자인 【상사어】를 포함하여 정치가, 교수 등 지위나 권력을 가진 상류계급 남성어의 역할어에는 'ぼく', 'きみ', '~たまえ'가 여전히 존재했다.

山岡君、そう言わずにつき合いたまえ。/ '究極のメニュー'作りに興味がないと言う君の真意を、今日はどうしても聞かせてもらうよ。

야마오카군. 그리 말하지 말고 나와 같이 가주게. / '최고의 메뉴'를 만드는 것에 흥미가 없다는 자네의 진의를 오늘은 꼭 들어야겠네.

가리야 테쓰雁屋哲(원작), 하나사쿠 아키라花咲アキラ(작화),《맛의 달인美味しんぼ》1, 62면

한편【소년어】는 '~たまえ'가 사라지고 'ぼく'와 'きみ'를 사용하는 소년은 '우등생', '유약한' 이미지를 갖게 되었다. 이러한 변화의 배경에는 매스미디어에 보이는 소년상에 변화가 있었기 때문이다.

ボク와 オレ

현재 표준어에 포함된 남성 1인칭 대명사로는 'ぼく', 'おれ', 'わたし', 'わたくし' 등을 생각할 수 있다. 'あたし', 'あたくし'는 여성에게 좀 더 편중되었고 'おいら', 'あっし', 'わし' 등은 역할어도가 높고 이 책의 정의에서 본다면【표준어】라 할 수 없다.

'ぼく', 'おれ', 'わたし', 'わたくし' 중 'わたし'와 'わたくし'는 성별에 관계없이, 또 문어와 공적 구어에도 사용되는 중립적인 대명사이다. 이에 비해 'ぼく', 'おれ'는 오로지 사적인 구어에만 사용되어 화자의 캐릭터를 확실히 반영하고 있다.

'ぼく'의 화자와 'おれ'의 화자에 보이는 캐릭터의 차이는 태평양 전쟁 전의 소설 등에 이미 나타나 있다. 『다케쿠라베』의 조키치와 노부유키의 대비를 떠올려도 되고(115면의 용례), 『아 옥잔에 꽃을 받고ああ玉杯に花

^{うけて}』(1927~1928년《소년 구락부》연재)와 같은 소년소설에서 사려 깊은 소년 야나기 고이치는 주로 'ぼく'를 사용하고 난폭한 '생번^{生蕃}'[20]인 사카이 이와오는 'おれ'를 사용하고 있다.

光一 このつぎの曜日にね、ぼくの誕生日だから、昼からでも……晩からでも遊びにきてくれたまえね	고이치 다음 일요일은 말이야, 내 생일이거든. 낮에라도…… 밤에라도 놀러와 주게.
	『아아 옥잔에 꽃을 받고』, 654면
生蕃^{せいばん}はしばらく考えたが、やがて大きな声でわらいだした。"おまえはおれに喧嘩をよさせようと思ってるんだろう。それだけはいけない"	생번은 잠시 생각하더니 마침내 큰 소리로 웃기 시작했다. "너는 나한테 싸움 걸려는 거지? 그렇게는 안 될걸."
	위의 책, 662면

다만 이 작품에 보이는 'ぼく'와 'おれ'의 사용은 다분히 상대적이며, 이와오도 아버지에게는 'ぼく'를 사용하며 야나기도 친구인 아오키에게 심정을 토로하고 사죄하는 장면에서는 'おれ'를 사용하고 있다. 이와 같은 구분은 오히려 실태를 반영한 것으로 작품의 리얼한 면을 나타낸다.

그런데 태평양 전쟁 전의 'ぼく' 사용자는 '失敬', '~たまえ'와 같은 【서생어】를 함께 사용하는 것이 보통이었다. 즉 'ぼく'를 사용하는 소년은 신분상승 지향에 젖어 있고 이상주의적이거나 입신출세를 꿈꾸는 "작은 서생"이며 결코 유약하지 않았다. 소년물의 히어로는 소설이든 만화든 압도적으로 'ぼく' 사용자가 많았다. 이러한 경향은 태평양 전쟁 후

---

20 【역주】일제의 대만 식민지 시절 교화되지 않은 고산족을 일컫는 말로, 소설 속 이와오의 별명이다.

한동안 소년 만화 세계에 남아 있었다. 〈철완 아톰〉은 바로 이와 같은 분위기에서 '僕'를 사용한 소년(소년이지만 로봇)이 주인공인 작품이다.

그러나 점점 소년만화에서 이와 같은 상승지향, 이상주의의 분위기는 엷어지고 영웅상이 변화해 갔다. 즉 히어로는 투지를 활활 불태우거나 야성미를 가진 캐릭터일 필요가 없어진 것이다. 그와 동시에 1인칭 대명사는 'おれ'가 되었다. 결정적인 계기는 1966년에 연재가 시작된 〈거인의 별巨人の星〉, 〈내일의 조あしたのジョー〉부터일 것이다. 이 만화의 주인공인 호시 휴마나 야부키 조도 1인칭 대명사로 'おれ'를 사용한다. 소년 만화에 나타난 영웅상의 변화, 그리고 그 상징인 1인칭 대명사의 추이는 현실에서 가정과 학교에 둘러싸여 본래의 생명력이 억눌린 아이들의 내적 외침이 반영된 것일지도 모른다.

다카모리 아사오·지바 데쓰야, 《내일의 조》 1, 고단샤, 48면

おれは/あんたみたいな/アル中人間/相手しちゃ/いられないんだ/あんまり/おれに/まとわりつくと/腹だちまぎれに/なにをするか/わからねえから/気をつけろよっ

나는 당신 같은 알콜중독자는 상대 안 해. 자꾸 날 따라다니면 홧김에 뭘 할지 모르니까 조심해.

《내일의 조》 1, 48면

가지와라 잇키·가와사키 노
보루, 《거인의 별》 1, 고단샤,
109면

見たかっ / これが / おれの / 実力だっ   　봤냐 / 이게 내 실력이다.

《거인의 별》 1, 109면

　　이러한 변화가 언제부터 무엇을 계기로 진행되었는지는 확실하지 않
고 또 충분한 실증적 연구가 있을지도 모르지만 쇼와 30년대(1956~
1966)에 일어난 극화劇畵 만화의 붐, 쇼와 40년대(1966~1976)의 청소년
만화지 창간 붐과 함께 만화를 읽는 세대가 확실히 늘었다는 점도 하나
의 요인일 것이다.

　　히어로가 'おれ'를 사용하면서 'ぼく'의 이미지도 크게 변해갔다. 집
과 학교에서 보호 받고 자란 소년이라는 캐릭터와 결부된 것이다. 예를
들면 〈도라에몽〉(1970년부터 연재)의 노비타[21]로 대표되는 후지코·F·
후지오 작품의 소년 명랑만화 주인공은 모두 'ぼく'를 사용한다.

　　어떤 이유에서 이면성 혹은 이중인격을 가지게 된 소년을 주인공으로
한 경우, 야성적이고 공격적인 'おれ'와 유약하고 보호를 받는 'ぼく'의
대비를 살려서 인격의 전환을 효과적으로 표현하는 경우도 있다. 데즈카
오사무 〈세 눈이 간다三つ目がとおる〉(1974~1978)가 그 예이다. 다카하시 가

---

21 【역주】 한국에서는 '진구'로 번역되었다.

즈키 〈유☆희☆왕〉, 아오야마 고쇼 〈명탐정 코난〉에도 이와 같은 장치가 보인다.

《세 눈이 간다》 1, 37·155면
© TEZUKA PRODUCTIONS

写楽 ク犬持じゃ / ない 写楽/保介ての だけどさーッ / どうしておサルなのに / しゃべるのさーッ

샤라쿠 난 이누모치가 아니야. 샤라쿠 호스케라고 해. 그런데 원숭이가 어떻게 말을 해?

《세 눈이 간다》 1, 37면

写楽 れの/ほしかった/調味料と/化学薬品
さがしてきて/くれた？
雲名警部 ドラックストアじゃ/あるまいし
なん/にもあるもんか/やっと見つけたのは
機械油とひからびた石鹸だけだっ

샤라쿠 내가 원한 조미료와 화학약품 찾
아왔어?
운메 경부 약국도 아니고 모든 게 있는 줄
아느냐. 겨우 윤활유와 말라버린 비누만
찾았다.

《세 눈이 간다》1, 175면

---

3. 가면(페르소나)으로서의 역할어

필자는 효고현 니시노미야시의 대학에서 남학생 18명을 대상으로 일
상생활에서 1인칭 대명사의 의식에 대하여 설문조사를 한 적이 있다.
피조사인수가 적어서 이 조사가 확정적이라고는 할 수 없지만 다음과
같은 경향을 알 수 있었다.

- 가족, 친구, 친한 이성 앞에서는 'おれ'를 사용한다고 답한 사람과 'ぼく'
  를 사용한다고 답한 사람(이하 각각 'おれ' 사용자, 'ぼく' 사용자라고 한
  다)의 수가 비슷하였다.
- 그러나 대학교수 앞에서는 'おれ'를 사용하는 사람은 전혀 없으며, 대부
  분 'ぼく'를 사용하며 'わたし'도 소수 있었다.
- 취업 활동에서 면접이라고 가정할 경우 'わたし' 사용자가 다수를 점하며
  'ぼく' 사용자를 웃돌았다. 'わたくし'도 있었지만 'おれ'는 물론 없었다.

어릴 때는 'ぼく'를 사용했지만 중학생이 되면서 'おれ'로 바꿨다고 답한 학생도 있었다. 특히 여학생에게 물어보면 'ぼく' 사용자보다 'おれ' 사용자에게 호감을 갖는다고 답한 사람이 다수를 점했다. 이 같이 대답한 학생에게 더 자세히 물어보면 'ぼく' 사용자에게서는 연약하고 유치한 인상을 갖는 데 비해 'おれ' 사용자에게서는 남자다운 인상을 받는다고 답했다.

이 같은 경향은 필자의 인상이나 평소 지켜 본 학생들의 인상과도 일치한다. 분명한 것은 역할어란 단순히 작품 속에 보이는 표현에 머물지 않고 일상생활의 언어사용에도 관계가 있다는 것이다. 즉 자신을 어떤 인간으로 상대에게 보이고 싶은지에 대한 선택과 관계된 것으로 때로는 상황에 맞게 옷을 갈아입듯이 역할어를 바꾸어 사용할 수 있는 것이다. 역할어는 때로는 '가면^{페르소나}=개성'의 일부가 될 수 있다.

5장

아가씨는 어디에? - 여성의 언어

1. 나비부인
2. 언어의 성별 차이
3. 『우키요부로浮世風呂』의 여자들
4. 에도어와 근대 【여성어】
5. 'てよだわ'의 발생
6. 'てよだわ' 세상에 날개를 펴다
7. 'てよだわ' 더욱 퍼지다
8. 'てよだわ'의 쇠퇴

1. 나비부인

〈에이스를 노려라!〉(초판은《주간 마가렛》, 1973~1980)는 테니스 명문 니시고교에서 평범한 존재였던 오카 히로미가 무나가타 코치에게 발탁 되어 일류 테니스 선수로 성장해가는 이야기이다. 이 만화에서 특히 독 특한 존재가 나비부인이다. 부인이라고는 하지만 결혼한 것이 아니라 여고생이다. 아버지는 대부호이면서 일본 테니스협회 이사이고, 가정부 가 딸린 성 같은 저택에 산다. 테니스의 실력은 초고교생급이고 불패신 화를 자랑하지만 자존심도 초일류로 항상 여왕처럼 행동한다. 이 나비 부인의 말투가 소위【아가씨어】의 전형적인 형태이다. 무엇보다 '~て (よ)' 혹은 '동사＋わ' '명사＋だ・です＋わ' '동사(＋ます)＋の'와 같은 어형을 많이 사용한다.

ひろみ お蝶夫人！	**히로미** 나비부인！
お蝶 きょうはずいぶんポーズがくずれてい たようね／おうちにかえったら鏡の前でく ふうしなさい／欠点がよくわかって<u>よ</u>	**나비부인** 오늘은 포즈가 꽤 망가졌네／ 집에 가면 거울 앞에서 궁리를 해봐／단 점을 잘 알 수 <u>있어</u>.

야마모토 스즈미카山本鈴美香,《에이스를 노려라!》1, 17면

部員 岡さんには……まだ選手はつとまりま せん／音羽さんが適当だと……	**부원** 오카는 아직 선수로 못 뛰어요／오 토하가 적당한 것 같습니다만
お蝶 あたくしも賛成ですわ／音羽さんはい つも選手で実力があって	**나비부인** 나도 찬성<u>이에요</u>.／오토하는 선 수로서 언제나 실력이 있고

위의 책, 23면

あさやかな
蝶の舞いにもにた
華麗な
そのプレイ

蝶のように美しく
蝶のように軽々と

《에이스를 노려라!》 1. 10면 ⓒ1994 야마모토 스즈미카

お蝶 まったくどなたもカンにさわることばかりなさる<u>わ</u>ね!!	**나비부인** 정말이지, 모두 다 신경에 거슬리는 일만 하시네<u>요</u>!!

《에이스를 노려라!》2, 17면

다음은 나비부인 어머니의 말투인데 문말에 'こと'를 붙여 감탄의 기분을 표현한다.

お蝶 おかあさま / でかけてまいります / おとうさまがお食事にさそってくださいましたの 母 まあいい<u>こと</u> / いってらっしゃい	**나비부인** 어머님 / 다녀오겠습니다. / 아버님께서 같이 식사하자고 하셨어요. **어머니** 참 좋<u>구나</u>. / 다녀오렴.

《에이스를 노려라!》4, 138면

또 아무리 불쾌한 일이 있거나 설령 격양되어도 말투는 어디까지나 정중하고 말끝마다 경어를 사용한다.

お蝶 ……コーチにおことわりしてらっしゃい / そのほうがあなたの<u>おため</u>よ	**나비부인** 코치에게 거절하고 오세요 / 그것이 당신을 <u>위한</u> 일이에요.

《에이스를 노려라!》4, 24면

お蝶 まあ! 人を見る目がおありですのね / 他校の選手にもずいぶんご理解が深くていらっしゃるようですし!	**나비부인** 어머! 사람을 보는 눈이 <u>있으시군요</u> / 다른 학교 선수도 꽤 이해가 깊으시고!

《에이스를 노려라!》2, 36면

아울러 나비부인의 특징을 더하자면 그녀는 웃을 때도 반드시 '호호호' 하고 웃는다. 결코 '하하하' 하고 웃는 일은 없다.

여기서 다음과 같은 의문이 생긴다.

의문 10 나비부인처럼 말하는 '아가씨'는 이 세상에 존재하는 것일까?

의문 11 나비부인과 같은 【아가씨어】는 일반적인 【여성어】와 무엇이 같고 무엇이 다를까?

의문 12 이와 같은 【아가씨어】는 어떻게 생겨난 것일까?

2. 언어의 성별 차이

문법적 특징에서

현재 성별 차이는 어떻게 인식되고 있는 것일까. 우선 문법적 특징을 마스오카桝岡 · 다쿠보田窪의 『기초 일본어 문법』(개정판, 제5부 제2장 「말의 남녀 차이」)을 참고로 정리해 보면, 남성이 주로 사용하는 표현과 여성이 주로 사용하는 표현이 따로 있고 체계적인 구별이 이루어져 있다. 그렇지만 절대적인 것은 아니며 사용 장면에 따라 개인차도 크다고 한다. 또 다음과 같은 성격을 부여한다.

일반적으로 여성적인 표현의 특징은 단정을 회피하고 명령적이지 않으며

〈표 1〉

	남성적 특징	중립적	여성적 특징
판정사 'だ'	君は女だ(＋よ・ね・よね)。 [너는 여자다(＋야, 지, 지)]		あなたは女Φよ(ね・よね) [당신은 여자야(지, 지)]
'のか・ のだ'	君もその本買ったのか。 [너도 그 책을 샀어?] これ、誰が書いたんだ(い)。 [이거 누가 썼지?]		あなたもその本買ったの? [당신도 그 책을 샀어?] これ、誰が書いたの? [이거 누가 썼어?]
보통체＋よ	これ、ちょっと辛いよ。 [이거 좀 매워]		
명령형 금지형 의뢰형	こっちへ来い。 [이쪽으로 와] そんなことするな。 [그런 거 하지 마] こっちへ来てくれ。 [이쪽으로 와 줘] こっちへきてもらいたい。 [이쪽으로 왔으면 해]	これ読んで。 [이거 읽어]	こっちへ来てくださる? [이쪽으로 와 주실래요?]
의문문	君、明日のパーティー出席するか。 [너 내일 파티 참석할 거니?] これは、君のかい。 [이거 네 거야?] ちょっと、そこの本取ってくれないか。 [잠깐 그 책 집어줄래?]	明日のパーティー出席する? [내일 파티 참석할 거니?] ちょっと、そこの本取ってくれない? [잠깐 그 책 집어줄래?]	 (ちょっと、そこの本取ってくださらない?) [잠깐 그 책 집어줄래?]
종조사	そんな調子では、試験におちるぞ。 [그 상태로는 시험에 떨어져] おれは待ってるぜ。 [나는 기다릴 거야]		困ったわ。変な人がいるわ。 [어쩌지. 이상한 사람이 있어]
감동사	おい[어이] こら[이놈]		あら・まあ[어머]
대명사	おれ・ぼく・おいら[나] わし・おまえ・君[너]	わたし・わたくし[저] あなた・あんた・おたく(さ ま)・そちら(さま)[당신]	あたし[나] (여성이 더 많이 사용한다)

자신의 생각을 상대에게 강요하지 않는 말투다. 이에 비해 남성적인 표현에는 단정과 명령을 포함하며 주장과 설득의 표현이 많다. (222면)

『기초 일본어 문법』에서 설명된 문법적 특징에 따른 남녀의 차이를 보완하여 표로 만들어 보면 〈표 1〉과 같다.

또 일반적으로 경어표현을 많이 사용하면 한층 더 여성적인 표현이 된다고 설명한다. 예를 들면 다음과 같은 표현은 여성적이라 할 수 있다.

田中さんもいらっしゃいます。[다나카 씨도 계십니다.]
そんなこと申しました? [그런 말씀 드렸던가요?]

좀 더 보충하자면 종조사 'わ'는 여성적 특징이지만 음조에 따라 두 종류로 나뉘는 것을 고려할 필요가 있다. 즉 상승조의 'わ'와 하강조의 'わ'인데 상승조의 'わ'만 여성적이다. 여성도 하강조의 'わ'를 사용하지만 대체로 남성이 사용한다. 또 각 지방에서 보이는 'わ'는 보통 하강조의 'わ'이며 성별은 중립적이다.

그리고 'のか', 'のだ'의 의문문에서 'か', 'だ'를 생략한 형태는 여성적으로 보는데 필자는 오히려 중립적이라고 생각한다. 그보다 평서문에서 'のだ(んだ)'의 'だ'를 생략한 형태인 '~の'는 확실히 여성적으로 들린다.

남성적 표현 これ、昨日買ってきたんだ。[이거 어제 샀어]
여성적 표현 これ、昨日買ってきたの。[이거 어제 샀어]

또 보통체에 'よ'가 붙으면 남성적이라고 하지만 필자는 비교적 중립적으로 느낀다. 적어도 절대적으로 남성적이라고는 할 수 없다.

덧붙여 설명하면 자문적 표현인 'かしら'나 이유를 표현하는 문장에서 나타나는 'ですもの' 등은 여성적 표현이라고 생각한다(다만 일정 연배 이상의 도쿄 방언 화자는 남성도 'かしら'를 사용하는 경우도 있다). 한편 종조사 'さ'는 남성적 표현이다.

これ、誰の靴かしら? [이거 누구 신발일까?]

だって、うれしいんですもの。 [왜냐하면 기쁜걸요.]

きっと時間通りに来るさ。 [반드시 제시간에 올 거야.]

남녀 전용 표현과 경향적 표현

위의 특징을 '(남성·여성)전용 표현'과 '경향적 표현'으로 나누면 다음과 같다.

남성 전용 표현 'だ'('だわ', 혹은 'あらいやだ[어머, 싫어]'와 같은 독백은 제외), 명령, 단정적 의뢰, 보통체+'か(い)'를 사용한 의문문, 종조사 'ぞ'·'ぜ', 감동사 'おい'·'こら', 대명사 'おれ'·'ぼく'·'おまえ'·'きみ' 등.

여성 전용 표현 '~てくださる?'·'~てくださらない?[~해 주실래요?]' 등의 의뢰표현, 평서문의 '~の'·'~かしら'·'~ですもの', 종조사

'わ', 감동사 'あら'·'まあ'(대명사 'あたし')

경향적 표현 경어 표현이 많을수록 여성적이다.

『기초 일본어 문법』에서는 이러한 특징을 현대 일본어의 당연한 실태로 파악했지만 역할어로 다시 파악할 수 있다. 오히려 실태는 훨씬 다양해서 단순한 일반화로 할 수 있는 것은 아니다. 또한 이미 서술한 바와 같이 우리는 역할어를 가면(페르소나)으로 이용하므로 남성적으로 행동하고 싶을 때, 여성적으로 행동하고 싶을 때는 이러한 역할어를 실생활에서 의식하든 못 하든 사용하고 있다.

그런데 앞에서 예로 든 나비부인의 언어적 특징을 보면 여기에서 설명한 여성적 표현(및 중립적 특징)에 거의 완벽하게 해당되는 것을 알 수 있다. 그런데 나비부인은 사용하지만 여기에서 언급한 여성적 표현에 포함되지 않는 표현도 있다. 그것은 '欠点がよくわかってよ[단점을 잘 알 수 있어]'의 '〜てよ', 'まあいいこと[참 좋구나]'와 같은 감탄문의 '〜こと'이다. 이러한 특징이야말로 일반적인 【여성어】에서 빠져나온 역할어 【아가씨어】의 지표라 할 수 있다.

그렇다면 현대 【여성어】의 특징과 【아가씨어】의 특징은 역사적으로 어디에서 온 것일까. 또 【아가씨어】는 현재 어떤 상황일까.

3. 『우키요부로浮世風呂』의 여자들

시키테이 산바式亭三馬의 곳케이본『우키요부로』(1809~1813)를 보면 에도 사회에서 하층민은 남성과 여성의 언어 차이가 거의 없다. 설령 있다고 하더라도 상대적인 차이만 있었던 것 같다. 이에 비해 상류층 조닌町人은 결혼 전에 교육을 위해 딸을 무가武家에 더부살이 시키는 것이 유행했고 무가 여성의 공손한 말투를 습득한 여성이 많았다. 특히 무가 여성의 말투는 궁중의 궁녀어에서 유래되었다고 한다. 즉 '궁중→무가→조닌'의 경로를 통해 공손한 여성어가 전파된 것이다. 이것을 '아소바세어遊ばせこと ば'라 부른다. 아소바세어에는 다음과 같은 것이 있다.

やす ハイ。いへもう 私 の旦那をお誉め申 すもいかがでございますが、惣別お気立の よいおかたでネおまへさん。あなたがお屋 敷にお出 遊 す時分は、お部屋中で評判の お結構人でございました。 私 が一体儘相 かしい 性 で、ぞんざいもので ございます のに、つひしか、ぶツつりとおつしやりま せん。夫で私もあんまりのありがたさに、 せめて御婚礼までお着申さうと存まして、 只今までとうへ長年 致 しましたが、是から はどうぞ、お子さまでもお出来 遊 すのを 見て、何所へぞ片付ませうと存ますのさ

야스 네. 글쎄 우리 주인 어르신을 칭찬하기는 뭐합니다만, 대체로 자상한 분이지요. 당신이 이 저택에 왔을 때는 방마다 인자하시기로 평판이 났지요. 제가 원래 허둥대는 성격이고 얌전하지 못한 데도, 단 한 번도 꾸짖지 않으셨습니다. 그래서 제가 너무 고마워서 적어도 혼례 때까지만이라도 모시려고 한 것이 지금까지 있습니다. 앞으로는 애기씨가 생기시는 것만이라도 보고 어딘가로 시집가려 합니다.

『우키요부로浮世風呂』 2편 하권, 123면

위의 '야스'라는 여성은 하녀이고 결코 높은 신분의 인물이 아니다. 그러나 자신의 주인을 따라 무가에 들어갔으므로 아소바세어를 익힌 것이다.

하층 조닌 여성의 본래 말투는 다음과 같다.

なんの、しやらツくせへ。お髪だの、へつたくれのと、そんな遊せ詞は見ツともねへ。ひらつたく髪と云なナ。おらアキつい嫌だア。奉公だから云ふ形になつて、おまへさまお持仏さま、左様然者を云て居るけれど、貧乏世帯を持つちやア入らねへ詞だ。せめて湯へでも来た時は持前の詞をつかはねへじやア、気が竭らアナ。	이것 참 열 받는군. 오구시[머리]라나 뭐라나. 그런 아소바세어는 꼴불견이야. 편하게 가미[머리]라 해. 우린 어려운 것 싫어. 봉공 때문에 오마에사마[당신, 댁] 오지부쓰사마[소지품], 사요 시카라바[그렇다면]를 말하지만, 가난뱅이에겐 필요 없는 말이야. 하다못해 목욕탕에 왔을 때만이라도 본래 말을 써야지. 안 그러면 피곤해.

『우키요부로』 2편 하권, 133면

이것 역시 하녀의 말인데 아소바세어를 비판하고 자신들의 '본래 말'을 써야 한다고 주장하고 있어 흥미롭다.

조닌과는 별개로 에도시대 유녀들은 독특한 말투를 사용했었다. 다음 예는 1770년경에 간행된 『유녀 방언遊女方言』의 한 구절로, '헤야모치部屋持(전용 침실을 갖춘 유녀)'가 유녀이다.

部屋持 もうお帰りなんすかのかへ むすこ あい	헤야모치 벌써 가실려고요? 도련님 응.

部屋持　もちッとゐなんせ。まだはやうおざ
んす

通り者　もしわたしをばなぜとめなさんせん

部屋持　おまへをばぬしがとめなんしよか
ら、わたしがとめ申さずと、ようおざんす

헤야모치　좀 더 계세요. 아직 이르잖아요.

뜨네기　이봐, 나는 왜 안 붙잡나.

헤야모치　당신은 우리 주인이 붙잡을 테
니 내가 안 잡아도 돼요.

『유녀 방언』, 362면

위처럼 유녀는 매우 특색 있는 말투를 사용했지만 손님에게는 지극히 공손한 표현을 사용했다. 몇몇 어법은 유녀의 말에서 비롯되어 일반에 게 널리 퍼진 사실은 알려져 있다.

이상과 같이 에도시대의 에도에는 여성적인 말투도 존재했지만 현대 일본어의【여성어】에 나타난 여성 전용 표현은 아직 충분히 나타나지 않 았다.

4. 에도어와 근대【여성어】

고마쓰 히사오 씨는「도쿄어에 보이는 남녀차의 형성－종조사를 중 심으로」라는 논문에서 나쓰메 소세키의『산시로三四郎』(1909)와『우키요 부로』의 남녀 말투를 조사하여 대조하였다. 특히 문말 종조사의 차이에 대해 정리하였는데〈표 2〉와 같다.

이 표에서 알 수 있는 점과 주의해야 할 점에 대해 논하고자 한다.『우

〈표 2〉

종조사	도쿄어	우키요부로	우키요부로 용법비고
～ダ	남	남 여	
ダワ	여	남 여	상류층 여성은 사용하지 않음
ダゼ	남	남 여	상류층 여성은 사용하지 않음
ダゾ	남	남 여	상류층 여성은 사용하지 않음
ダナ	남	남 여	상류층 여성은 사용하지 않음
ダネ	남	남 여	
ダヨ	남	남 여	
コト	여	남 여	
～サ	남	남 여	
～ゼ	남	남 여	상류층 여성은 사용하지 않음
ゼエ	남	남 여	상류층 여성은 사용하지 않음
～ゾ	남	남 여	
～ナ	남	남 여	
체언＝ネ	여	남 여	용례 소수
체언＝ネエ	여		용례 없음
ナノ	여		용례 없음
～ノ	여	남 여	
ノネ	여		용례 없음
ノヨ	여	남 여	상류층 여성은 사용하지 않음
～ヤ	남	남 여	다양한 용법이 있음
체언＝ヨ	여	남 여	
～ワ	여	남 여	
ワネ	여	남 여	용례 없음
ワヨ	여	남 여	용례 없음

키요부로』에서 남녀가 모두 사용한 표현 중 특히 상류층 여성이 사용하지 않은 형태가『산시로』에서 남성표현인 점은 자연스럽게 받아들일 수 있지만 그중에는 여성 표현이 된 것이 있다. 우선 'だわ' 및 '~わ'를 보면『우키요부로』에서 사용한 것과『산시로』에서 사용한 것과는 음조가 다를 가능성이 높다. 물론 문헌자료에서 직접 음조를 알 수 있는 것은 아니지만 가부키나 라쿠고와 같은 전통 예능과 현재 도쿄 서민 방언에서 추론하면『우키요부로』의 '~(だ)わ'는 하강조로 발화되었다고 생각한다. 다음과 같은 예가 있다.

おぢさんが折角うめてお呉だは。	아저씨가 일부러 식혀 <u>주었어</u>.
	긴베,『우키요부로』전편 상권, 22면
コレ、おらががきが、あくたれあまか、うぬが孫が根性悪か、人さまが御存だは。	이거. 우리 애가 못된 년인지, 당신네 손자가 나쁜지 다른 사람들은 다 <u>알아</u>.
	미사마,『우키요부로』2편 하권, 119면

또한『우키요부로』의 'だわ'는 'だわい', 'だわさ', 'だわす', 'だわな' 등 다양한 종조사가 뒤에 오는데 근대 여성어의 'だわ'는 'よ', 'ね'만 뒤에 붙을 수 있고 용법이 상당히 달랐다.

다음으로 '체언+よ', '~のよ'를 보면 'よ'의 특징이 에도어와 근대 도쿄어가 매우 달랐음을 알 수 있다.『우키요부로』에 나타난 'よ'는 본래 지정의 조동사('だ', 'である' 등)와 동등한 역할을 하며 체언에 직접 붙을 수가 있다. 오히려 지정조동사 뒤에는 붙지 않는다. 이점은 종조사 'さ'와도 닮았다. 이 'よ'는 음조가 항상 하강조이고 상승조로는 사용되지 않는다.

貴い寺は門からといふけれど、医者さまばかりは見かけによらぬものよ。裏店に居る貧乏医者に功者なお人があるものさ。

훌륭한 절은 문반 봐도 안다는 말이 있지만, 의사는 겉만 보고는 모르는 법이지. 뒷골목의 가난한 의사 중에 명인이 있는 법이야.

가미사마, 『우키요부로』 2편 권하, 130~131면

한편, 근대 도쿄어의 '체언＋よ', '～のよ'는 '체언＋だ＋よ' '～のだ＋よ'(남성적 표현의)에서 'だ'가 생략된 것이다. 이 'よ'는 지정조동사 'だ'와 같은 역할을 할 수 없으며 'だ' 뒤에 붙는 것이 본래의 용법인데 여성어에서 'だ'가 생략되었을 때 겉보기에 에도어 'よ'처럼 보이는 것이다. 음조로는 근대 【여성어】의 '체언＋よ', '～のよ'는 상승도 있고(이 경우가 많다), 하강일 경우도 있다. 다음의 'よ'는 상승조로 볼 수 있다.

"広田先生は、よく、あゝ云ふ事を仰やる方なんですよ"と極めて軽く独り言の様に云つたあとで、急に調子を更へて、"かう云ふ所に、かうして坐てゐたら、大丈夫及第よ"と比較的活溌に付け加へた。さうして、今度は自分の方で面白さうに笑つた。

"히로타 선생님은 자주 그렇게 말씀하시는 분이세요"라며 지극히 가볍게 혼잣말처럼 말하고는 갑자기 태도를 바꾸며 "이런 곳에서 이렇게 앉아 있으니 괜찮아요, 합격이에요"라며 비교적 활발하게 말을 덧붙였다. 그리고 이번에는 자기가 재미있는 듯이 웃었다.

미네코, 『산시로』 5-9, 415면

이를 통해 『산시로』에 나타난 여성적 표현은 같은 형태로 보이지만 에도어로부터 연속된 것이 아니라 사실은 새로운 형식임을 알 수 있다.

에도어로부터 연속된 표현 중 남녀 공용의 형식이면서 근대【여성어】로 흡수된 것은 많지만, 특히 여성 전용 형식과는 단절이 있었던 것이다.

그러면 근대【여성어】에 보이는 특유한 형식은 언제, 어디에서 생겨났고 어떻게 퍼진 것일까.

5. 'てよだわ'의 발생

『우키구모浮雲』의 어머니와 딸

근대 언문일치 소설의 효시인 『우키구모』(후타바테이 시메이二葉亭四迷, 1887~1890년 발표)에는 '오마사'와 '오세이'라는 모녀가 등장한다. 어머니의 말투는 에도어의 특징을 이어받은 데 비해 딸의 말투에는 근대적【여성어】의 문법적 특징이 분명히 나타나 있다. 우선 오마사의 말을 보자.

子を持ッてみなければ、分らない事だけれども、女の子といふものハ 嫁けるまでが心配なものき。それやア、人さまにやア彼様な者を如何なッてもよさゝうに思はれるだらうけれども、親馬鹿とハ旨く云ッたもんで、彼様な者でも子だと思えバ、ありもしねえ悪名つけられて、ひよッと縁遠く	자식이 없으면 모르는 일이겠지만, 여자애는 시집을 보낼 때까지 걱정이야. 그야 다른 사람들한테는 그 애가 어찌되든 상관없지만, 자식바보란 말이 있듯이 아무리 못나도 자식이라 생각하면 난데없는 오명을 덮어쓰고 훌쩍 인연이 멀어지면 슬픈 일이지. 누구라도 밟으면 그리 좋은

でもなると、厭なものさ。それに誰にし
ろ、踏付けられゝやア、あんまり好い心持
もしないものさ、ねえ、文さん。

기분이 아니<u>지</u>. 그렇지 후미 씨?

오마사, 『우키구모』, 150면

밑줄 친 부분은 에도어적인 특징을 나타내는 부분으로 특히 종조사인 '<u>さ</u>'를 여성도 사용한다는 점은 오마사의 말이 옛날 말임을 나타낸다. 한편 오세이의 말은 어떨까.

"ですがネ教育のない者ばかりを責めるわけ
にもいけませんヨネー 私の朋友なんぞは教
育の有ると言ふ程有りやアせんがネそれで
もマア普通の教育は享けてゐるんですよ、
それでゐて貴君西洋主義の解るものは、廿
五人の内僅四人しかない<u>の</u>、その四人もネ
塾にゐるうちだけで外へ出てからハネ口程
にもなく両親に圧倒られてみんなお嫁に
往ツたりお婿を取ツたりして仕舞ひました
<u>の</u>、だから今まで此様な事を言ってるもの
ハ 私 ばツかりだとおもふと何だか 心細 ツ
て 心細 ツてなりません、でしたがネ、此
頃は貴君といふ親友が出来たからアノー大
変気丈夫になりました<u>わ</u>"

그렇지만 교육을 받지 못한 사람만을 나무랄 수도 없어요. 내 친구는 교육이라고 할 만한 것을 받지 않았어요. 그래도 보통 교육은 받았어요. 그래서 당신 같이 서양주의자를 만난 사람은 25명 중 겨우 4명밖에 없어요. 그 4명도 학교에 있을 동안만이고, 밖으로 나가면요, 얼마 안 있어 부모님 성화에 못 이겨 모두 시집가거나 데릴사위를 맞거나 <u>해요</u>. 그래서 지금까지 이런 얘기를 하는 것도 나 혼자뿐이라고 생각하니 왠지 쓸쓸해 견딜 수 없어요. 그렇지만요. 요즘은 당신과 같은 친구가 생겨서 뭐랄까. 너무 마음이 든든해<u>졌어요</u>.

오세이, 『우키구모』, 22면

밑줄 친 부분과 같이 평서문 문말의 '~の', 종조사의 'わ' 등이 보인다. 이 'わ'는 상승조로 발화되었을 것이다.

위의 오세이라는 여성은 나이가 18세이며 소학교를 졸업한 후에 시바흔에 있는 사숙私塾에 다니며 소설 속 주인공인 분조에게서 영어를 배우기 시작하는 등 학문을 꿈꾸는 여성으로 묘사되어 있다(그러나 이 정열은 표면적이고 경박한 것임이 점차 드러난다). 그녀의 말투(당시로서는)가 신선한 이유는 학교를 다닌다는 것과 관계있을 것이다. 이점은 조금 뒤에 언급하겠다.

비난받았던 'てよだわ'

てよだわ는 지금은 상냥하고 고급스러운 말투로 긍정적 평가를 많이 받는 여성 전용 표현이다. 그런데 이 표현들이 나타나기 시작한 메이지 20년경부터 40년경[1]까지는 문학가, 교육가, 매스미디어처럼 지도자적 입장에 있던 사람들의 언설에서 한결같이 품격이 없고 귀에 거슬리는 거친 표현으로 배척당했다. 그 기원을 야마노테山の手의 하류계급, 하급 게이샤의 말투라는 등 사회적으로 낮은 계급 사람들의 말에서 비롯된 것이라는 지적이 많았고 여학교를 중심으로 젊은 여성들에게 퍼졌다고 일반적으로 설명한다. 이시카와 요시노리石川禎紀 씨의 「근대 여성어의 어말—'てよ・だわ・のよ'」을 참고로 보자.

언문일치의 대가 야마모토 마사히데山本正秀 선생님이 이미 소개한 자료지만,

---

1   1887~1907년.

발생에 관해서는 일찍이 오자키 고요尾崎紅葉의 논고가 있다. 「유행어流行言葉(はやり)」(『귀녀지우貴女之友』, 메이지 21년 6월)라는 제목의 글이다. 89년 전 소학교 여학생들이 친한 친구 사이에서 사용한 '梅はまだ咲かなくツテヨ[아직 매화꽃은 안 피었어]', 'アラもう咲いテヨ[어머 벌써 피었네]', '桜の花はまだ咲かないンダワ[벚꽃은 아직 안 피었어]' 등 어말이 이상한 말투가 나오기 시작했다. 이것이 56년 즈음에는 귀부인에게까지 퍼졌는데 이러한 말투의 태생을 보면 '막부 말경 아오야마에 사는 고케닌御家人의 (신분이 낮은) 딸들이 사용한' 미천한 말에서 나왔으므로 사용해서는 안 된다. 라고 충고한다. 그 뒤 2년 후 『여학잡지女學雜誌』(메이지 23년 7월) 「여성의 말투」(破月子)에서도 여학생들 사이에서 유행하는 'よくつてよ[좋아]', '何々ダワ[뭐 뭐야]', '公園へ散歩に行く?[공원에 가?](行く로 끝내고 서양식으로 어미를 올리는)' 등의 말투를 거칠고 나쁘다고 배척했다. 나아가 15년 후인 메이지 38년에도 『교육시론敎育時論』(메이지 38년 5월)이 'イヤヨ[싫어]', 'ヨクテヨ[좋아]', 'ソーダワ[그래]'와 같은 어미를 천하다고 비판했다.(22면)

오자키 고요의 글에 따르면 てよだわ는 1888년의 7, 8년 전 즉 1879~1880년 즈음부터 소학교에서 사용되었고 그 세대가 성장하여 고등학교 혹은 그 이후의 여성들에게 퍼진 셈이다. 또 『여학잡지』(破月子)의 지적 중에 흥미로운 것은 'か'를 붙이지 않은 상승조의 의문문이 당시 시작되었다는 점이다. 또 'だわ'가 에도시대부터 존재했지만 귀에 거슬리는 표현으로 지적 받은 점 역시 에도시대의 악센트와는 달랐음을 시사한다. 또 히다 요시후미飛田良文 씨의 『도쿄어 성립사의 연구』에 소개된 논평을 예로 보자.

옛날에는 우시고메牛込 부근의 말이었던 'アラよくつてよ[어머 좋아]' 등이 요즘에는 오히려 중류 이상의 아가씨어처럼 들리는 것은 이상하다. 생각하건데 이것은 야마노테 부근의 하류 사회로부터 주변 가문에 전파된 것이 시작이며 그 가문이란 것도 요즘과 같이 위세 떨치고 권세 당당한 가문이며 이곳에서 점점 하층으로 퍼진 것이리라.

『와세다문학』, 1896.4 잡계雜界(영애와 부인의 말), 204~205면

근래 여성교육이 활발해짐에 따라 비교적 낮은 하류층 자녀가 각종 여학교에 많이 다니게 되었고, 소위 상인의 딸들이 사용한 말투가 여학생들 사이에서 사용되었다. 다음 예와 같다.

○なくなつちやつた[없어졌다] ○おーやーだ[어머 싫어] ○行つてゝよ[가]
○見てゝよ[봐] ○行くことよ[갈게] ○よくツてよ[좋아]

『요미우리신문讀賣新聞』, 1905.3.16

(…중략…) アタイ[나]라든지 厷ヨ[싫어]라는 말은 원래 게이샤들의 말이다. (…중략…) 그러나 게이샤라 하더라도 アタイ라는 말은 동년배들 사이에서 사용한 것으로 손님 앞에서는 물론 언니들 앞에서도 이전에는 결코 사용하지 않았다. 반드시 アタシ라 했었다. 또 よくつてヨ[좋아]라든지 厷ヨ라는 말은 지금도 변두리 지역 아이들이 자주 사용하지만 이전부터 있었다. 그러나 이것도 자기들끼리의 통용어고 다른 사람들에게는 사용하지 않았다.

다케우치 히사카즈(조각가), 「도쿄부인의 통용어」, 『취미』 2-11, 1907.11 발행

이같이 당시 젊은 여성들의 말투는 '~てよ', '~だわ'과 같이 특징 있

는 어미에서 '데요다와어'라 불리기도 했다. '데요다와어'야말로 근대적인 【여성어】나 【아가씨어】의 기원이었다. '데요다와어'가 하층민이나 게이샤에게서 기원이 있는지는 객관적인 근거를 얻을 수 없기 때문에 상당히 의심스럽지만 전파의 중심이 학교였던 점은 확실하다.

6. 'てよだわ' 세상에 날개를 펴다

미디어가 된 여학교

에도시대에는 여자는 학문을 할 필요 없다고 생각했지만 메이지시대에는 여성의 소학교 입학이 인정되자 차츰 상급 여학교도 생겼다. 1882년에는 도쿄여자사범학교에 부속고등여학교가 설치되었는데 이것이 고등여학교의 시초였다. 그 후에도 각지에서 고등여학교가 설립되었다. 일본에서 교육 받은 젊은 여성 커뮤니티가 생겨난 것이다. 고등여학교에 딸을 보낼 수 있는 가정은 어느 정도 수입과 사회적 지위가 필요했으므로 그런 점에서 딸을 여학교에 보내는 것은 사회적 지위의 증거가 되었다. 이 같은 사회적 지위의 정점에 화족여학교^{華族女學校}(1885년 개교), 훗날 여자학습원^{女子學習院}(1918년 개교)이 있었다. 즉 '아가씨'가 생겨난 것이다. 또 당시 정치가나 기업가등 유력가가 '참관'이라는 이름으로 여학교에 취임하여 자신의 며느릿감을 찾기도 했다고 한다(이노우에 쇼이치『미인론』. 이즈미 교카의 『부계도婦系圖』에도 이 '참관'이 언급되어 있다. 용모 단정한 여학생은 졸업 전에 시집을 갔으므로 용모가 단정하지 않은 여학생을 '졸업 얼굴'이라고 불렀다).

여학교에서는 정규 교과를 물론 가르치기는 했지만 그 이외에도 다양한 문화와 풍속에 관한 정보가 교환되고 일반 사회로 발신되었다. 여학교에서 발신된 문화와 풍속은 지적인 한편 어딘가 비현실적이고 생활감이 결여된 로맨틱하고 우아한 감각을 띠는 독특한 것으로 그전에는 일본에서는 존재하지 않았다. 이런 문화를 상징하는 시각적 요소로는 '에비차시키부海老茶式部'라는 여학생 패션이 있고(아래 그림 참조), 청각적 요소로는 【여학생어】를 들 수 있다. 혼다 가즈코本田和子는 『여학생의 계보-채색되는 메이지』에서 '데요다와어'를 '무책임한 말투'로 '우주에 떠도는 말'이고 '울타리 밖에서 외쳐지는 현모양처 상을 태연하게 없애버렸다'고 평가했다(132~134면).

조금 단순하게 보면 근대 【여성어】는 【여학생어】로 퍼졌다. 지식인과 저널리스트들에게는 악평 높은 '데요다와어'였지만 여학교를 매개로 착실히 보급되었다. 학교는 때로는 그 자체가 강력한 미디어가 된다. 정규 교과 이외에 지도자가 가르치고 싶지 않은 것까지 학교를 통해 세상에 퍼져나가 버리는 경우가 있다. 【여학생어】도 하나였다.

도쿄부 고등여학교 (『풍속화보』 제193호, 메이지 32년 7월 25일, 야마모토 쇼코쿠)

소설에 보이는 'てよだわ'

　　여학생은 소설에서도 종종 등장했고 【여학생어】는 출판 미디어를 통해서도 일본 전국에 퍼졌다. 먼저 1898년~1899년 『국민신문』에 연재된 『불여귀不如歸』에 등장하는 나미코의 말을 보자. 나미코는 화족여학교 출신으로 나온다.

浪子はそっと武男の膝に手を投げて溜息（といき）つき"いつまでもこうしていとうございますこと！"	나미코는 다케오의 무릎에 가만히 손을 올리며 숨을 쉰다. "영원히 이렇게 있고 <u>싶어요.</u>" <div align="right">도쿠토미 로카德富蘆花, 『불여귀』, 19면</div>
浪子はふと思い出でたるように頭を上げつ。 "あなたいらっしゃいます<u>の</u>、山木に？" "山木かい、母さんがああおっしゃるからねー行かずばなるまい" "ほほ、わたくしも行きたい<u>わ</u>" "行きなさいとも、行こういっしょに" "ほほほ、よしましょう" "なぜ？" "こわいのです<u>もの</u>"	나미코는 문득 생각이 났는지 고개를 들었다. "당신 야마키에 가시<u>나요?</u>" "야마키? 어머니가 그리 말씀하시니 가야겠지" "<u>호호,</u> 저도 가고 <u>싶어요.</u>" "물론 가시오, 같이 갑시다." "<u>호호호,</u> 그만 두세요" "왜?" "무서운 <u>걸요</u>" <div align="right">위의 책, 69면</div>
"浪さん、くたびれはしないか" "いいえ、ちっとも今日は疲れませんの、わたくしこんなに楽しいことは<u>始めて！</u>"	"나미 씨, 힘들지 않소?" "아니요, 오늘은 조금도 피곤한지 않아요. 저 이렇게 즐거운 일은 <u>처음인 걸요!</u>" <div align="right">위의 책, 18면</div>

다음은 1903년부터 『요미우리신문』에 연재된 『마풍연풍^{魔風戀風}』의 한 구절이다. 이 소설은 여학생의 연애 스캔들을 소재로 다루어 당시 대단한 인기를 끌었다.

"好く来て下すッたわねえ。"と患者は染々云った、"私、何様なに貴女に会ひたかッたらう……、だって、昨日は最う、此の儘死ぬ処かと思ってよ。"
"馬鹿々々しい、義姉様(ねえさん)のやうでも無いわ、これん許しの怪我で死んで何うするの、"と笑顔を作って、"だけど、今朝新聞を見た時はね、私、実に吃驚(びっくり)してよ……。直ぐにも駆けて来ようと思ったけれども、母様(かあさま)は、もッと暖(あった)かに成ってからでなきや可けないって、何しても出して呉れ無いんですもの、本当に気が気で無かッたわ。"

"잘 와주었어"라며 환자는 절실히 말했다. "난 네가 얼마나 보고 싶었는지. 어제는 정말 이대로 죽는 줄 알았어."
"바보같이. 언니답지 않아. 이정도 상처로 죽으면 어떡해?"라며 애써 웃는다. "하지만 오늘 아침 신문을 봤을 때는 말이야. 정말 깜짝 놀랐어. 당장이라도 달려오고 싶었지만 어머니가 좀 더 따뜻해져야 한다고 하시며 절대로 허락하지 않으셨어. 정말 안절부절 못했어."

하기와라 하쓰노와 **나쓰모토 요시에**, 고스기 덴가이, 『마풍연풍』, 17면

나쓰메 소세키의 소설에는 적어도 세 명의 여학생이 등장한다. 『나는 고양이로소이다』(1905)의 유키에, 『산시로』(1908~1909)의 요시코, 『그후』(1909)의 누이이다. 세 명 모두 'よくってよ、知らないわ' 등 당시의 여학생의 유행어를 사용한다.

"それぢや雪江さんなんぞは其のかたの様に御化粧をすれば金田さんの倍位美しくなるでせう"
"あらいやだ。よくつてよ。知らないわ。だ

"그럼 유키에 씨도 가네다 씨처럼 화장을 하면 그분보다 두 배로 아름다울걸요."
"어머 싫어. 됐어요. 몰라요. 하지만 그분은 너무 화장이 진해요. 아무리 돈이 많다

けど、あの方は全くつくり過ぎるのね。な
んぼ御金があつたてー"

고 해도.”

『나는 고양이로소이다』10, 442면

三四郎は貸さない事にする旨を答へて、挨
拶をして、立ち掛けると、よし子も、もう
帰らうと云ひ出した。
"先刻の話をしなくつちや"と兄が注意し
た。
"能くつてよ"と妹が拒絶した。
"能くはないよ"
"能くつてよ。知らないわ。"
兄は妹の顔を見て黙つてゐる。妹は、また
斯う云つた。
"だって仕方がないぢや、ありませんか。知
りもしない人の所へ、行くか行かないかつ
て、問いたつて。好きでも嫌でもないん
だから、何にも云う様はありやしないわ。
だから知らないわ"

산시로는 빌려주지 않겠다는 뜻을 밝히
고는 인사하고 일어서려는데 요시코도
이제 돌아가겠다고 말했다.
"아까 하던 얘기를 해야지"라며 오빠가
주의를 주었다.
"됐어요"라며 여동생이 거절했다.
"되긴 뭐가 돼."
"됐다니까요. 몰라요."
오빠는 여동생의 얼굴을 보고 입을 다물
었다. 여동생은 또 이렇게 말했다.
"정말 어쩔 수 없잖아요. 알지도 못하는
사람한테 갈지 말지 물어본들 말이에요.
좋아하지도 싫어하지도 않으니까 뭐라
할 말이 없잖아요. 그러니까 몰라요."

『산시로』9-8, 530면

縫という娘は何か云うと、好くつてよ、知
らないわと、答へる。さうして日に何遍と
なりリボンを掛け易へる。近頃はワイオン
の稽古に行く。帰つて来ると、鋸の目立
ての様な声を出して御浚ひをする。ただし
人が見てゐると決して遣らない。室を締め
切つて、きいきい云はせるのだから、親は

누이라는 아가씨는 말끝마다 됐어요, 몰
라요라고 한다. 어떤 날에는 몇 번이나 리
본을 바꾸어 단다. 요즘에는 바이올린을
배우러 다닌다. 돌아오면 톱 갈리는 소리
를 내며 연습을 한다. 그러나 다른 사람이
보고 있으면 절대로 하지 않는다. 방문을
닫고 끼이끼이 소리를 내니까 부모는 꽤

可なり上手だと思つてゐる。代助丈が時々そっと戸を明けるので、好くつてよ。知らないわと叱られる。

나 잘 하는 줄 여긴다. 다이스케가 종종 살짝 문을 열면 됐어요, 몰라요라며 혼을 낸다.

『그 후』3-1, 33면

---

7. 'てよだわ' 더욱 퍼지다

여학교 밖으로

여학생은 아니지만 『문』(1910)에는 다음과 같은 재미있는 묘사가 있다.

'여보 그런 데서 자면 감기 걸려요'라고 아내가 주의를 준다. 아내의 말은 도쿄 같으면서도 아닌 것 같은 요즘 여학생에게 보이는 일종의 공통된 말투이다. (『문』1-1, 348면)

여기서 말하는 '도쿄 같으면서도 아닌'이란 에도시대부터 연속된 서민어와 단절됨을 가리킨다. 이런 어조가 '여학생들에게 공통적'이라고 인식된 점이 흥미롭다.

“御茶なら沢山です”と小六が云つた。
“厭？”と女学生流に念を押した御米は、“ち
や御菓子は”と云つて笑ひかけた。

"녹차라면 괜찮습니다"라고 고로쿠가 말
했다. "싫어요?" 하고 여학생 말투로 확인
한 오요네는 "그럼 과자는요?" 하고 웃기
시작했다.

『문』 1-3, 353면

'여학생 말투로 확인한다'는 것은 '서양어처럼 말꼬리를 올리는 말투'
를 말한다. 『문』의 오요네(주인공 소스케의 아내)가 여학교 출신인지는 알
수 없으나 성인 여성이 여학생 같은 말투를 사용하는 경우도 있음을 알
수 있다.

이즈미 교카의 『부계도』(1909)에는 한때 야나기바시의 게이샤였던 오쓰
타와 동료 게이샤였던 쓰나지, 고요시가 등장한다. 그녀들의 대화는 에도시
대의 모습을 간직한 서민어인데 'てよ'와 같은 【여학생어】도 적지만 사용한
다. 게이샤가 여학교 출신일리는 없으므로 【여학생어】가 이제는 여학교의
울타리를 벗어나 일반 【여성어】 영역에 근접했음을 시사한다.

蔦 肯かないよ、めの字、沢山なんだから、
主税 まあ、お前、
蔦 否、沢山、大事な所帯だわ。
め 驚きますな。
蔦 私、最う障子を閉めてよ。

오쓰타 뭐라 말해도 듣지 않을 거예요. 메
노지, 생선은 더 이상 필요 없으니까.
지카라 참. 너도.
오쓰타 아니요, 필요없어요. 소중한 재산일
걸요.
메노지 놀랍군요
오쓰타 저, 이제 장지문 닫아요.

이즈미 교카, 『부계도』, 357~358면

綱治 引掻いて<u>よ</u>。	**쓰나지** 할퀼 거<u>예요</u>
と手を挙げたが、思ひ出してやうに座を立	라며 손을 들었지만 뭔가 생각이 난 듯 자
つて	리에서 일어나
綱治 何うしたんだらうね。電話は、	**쓰나지** 어쩐 일이지. 전화는
と呟いて出ようとする。	라고 중얼거리며 나가려고 한다.

위의 책, 462면

　(고요시) 어머 어서 오세요[まあ、よく入らしつ<u>てねえ</u>].

라며 지카라에게 인사를 하고 미소를 띤 고요시는 짙은 갈색의 잔잔한 학 날
개 무늬의 두 겹 겉옷에 옅은 곤색의 깃, 담갈색 격자무늬의 띠, 고풍스런 문
양의 하늘색 지리천의 쥬반²을 입고 조신하게 사카이의 곁에 있었다. 그 자태
에 지카라는 절로 머리가 숙여지지만 오늘밤은 특히 중요한 사안이 있는 만큼
정중하게 손을 모아

　(지카라) 안녕하세요.

라며 고개 숙여 인사했다.

위의 책, 463면

전국으로 확산

　【여학생어】는 본래 도쿄에서 발생한 것이지만 '여학교'라는 미디어를
통해 전국에 확산되었다. 가와무라 구니미쓰川村邦光의 『소녀의 기도』에는
1916년 10월호의 『여학세계女學世界』 투고란인 「지우 구락부」가 소개되

2　【역주】기모노 안에 입는 화려한 색상과 무늬의 긴 속옷으로 기모노 밖으로 동정과 소매
　가 보이는 것이 특징이다.

어 있다. 투고란에는 다양한 지역의 여학생, 졸업생들이 공통된【여학생어】를 사용함으로써 '지금까지 어디에도 없는 소녀들의 세계를 만들고 있다'(같은 책, 48면). 예를 인용하면 다음과 같다.

春桐の葉がホロホロさびしう散ります。アレアレアレアレ、また虫の声が、どこかで、かすかに、歌うローレライの音と共に、私のみだれたハートを、そそる様にひびいていります。アアなんとセンチメンタでしょう。かかる夕……かかる夜半、御なつかしい皆様方にはいかが御暮しなさいますの。

푸른 동백잎이 폴폴 쓸쓸히 집니다. 저런 저런 또 벌레소리가 어디선가 희미하게 노래하는 로렐라이의 소리와 함께 어지러운 내 하트를 적시듯 울립니다. 아 얼마나 센티멘탈한가요. 이런 저녁, 이런 밤에 그리운 여러분은 어떻게 지내시나요.

미카와, 은월, 「지우 구락부」, 43면

悲しい時雨月が音ずれました。同じ心のS様、インプレッション深き寮に過ごした頃を思い出しましょうよね。淋しい鐘の音と共に静に静に暮れて行った秋の一日一夜を。美しい電灯から抜け出て、一人寮の欄によって忍び泣きました宵!! その時私によりよて、甘く甘く囁きを悲しいハートにそそいで下さいました君、エエそれは同じ心のS様でした。月細い今宵も私はあの頃を……そして星の様なSさんを恋うて泣いていますの。

슬픈 가을비가 찾아왔습니다. 같은 마음의 S님, 인프레션 깊은 기숙사에서 보낸 때를 추억해 봐요. 쓸쓸한 종소리와 함께 조용히 저물어 간 가을의 하루를. 아름다운 전등을 빠져나와 홀로 기숙사의 난간에 기대어 숨죽여 울었던 새벽을!! 그때 내 곁에서 슬픈 하트에 달콤하게 속삭여 주신 분. 네 그 분은 같은 마음의 S님이었어요. 초승달 뜨는 오늘 밤에도 나는 그 때를…… 그리고 별과 같았던 S양을 그리며 울고 있어요.

시나노지, 시라카바의 M코, 같은 책, 45면

御なつかしい皆様!! ローマンスなシーズンとなりましたね。多感な青柳はどんなに秋

그리운 여러분!! 로망스한 시즌이 되었어요. 다감한 푸른 버들은 얼마나 가을을

が待たれた事で御座いましょう。煙の都ながら、夕べとなれば、この頃は涙を誘う虫の音も致します。今日は九月の二日、ああ、もう幾つしたら、お正月になるのでしょう……私は今指折って数えてみました。永久に乙女でいとう御座んすけれども、そういつまでも少女でお正月を迎える事も出来ませんわね。今の詩の様な日が華やかな私の姿と共に変わらないでいてほしい!!

기다렸을까요. 연기로 뒤덮인 도시지만 저녁이 되면 마음을 울리는 벌레소리도 들립니다. 오늘은 9월 2일. 아, 얼마나 있어야 설날이 올까요…… 나는 손꼽아 헤아려봅니다. 영원히 소녀로 있고 싶지만 언제까지 소녀로 설날을 맞을 수는 없지요. 이 시와 같은 날이 화사한 내 모습과 함께 변하지 않았으면 좋겠어요!!

오사카시, 아오야기, 같은 책, 47면

윗글에서 【여학생어】는 전국에 있는 『여학세계』 독자의 '가면(페르소나)'이 된 셈이다. 본래 다양하고 다른 말투를 사용하는 전국의 소녀 혹은 소녀였던 사람들이 【여학생어】를 두르고 가상의 커뮤니티를 형성한 것이다.

「지우 구락부」과 비슷한 예로 「나미코 리릭 레터」 시리즈를 보자. 이것은 1935년경 베니바라사에서 발매한 소녀 취향의 일러스트가 있는 편지세트인데 세트 속에 시와 독자투고란을 만들어 애호가의 의견을 전했다(가라사와 슌이치, 『가라사와당 변서목록』, 82~87면에서 인용).

先生始めまして / 寶みどりですの / どうぞよろしく / でも之からどしどしお便りいたしますわ / (…中略…) / お友達へのお便りたいてい先生のよ / だって上品でやさしいんですもの / 先生もおあんな方ぢやないかしら / このレターの中に先生のお姿が入っ

선생님 처음 뵙겠습니다. / 다카라 미도리예요. / 잘 부탁드려요. / 앞으로 계속 편지 보내겠어요. / (…중략…) / 친구에게 보내는 소식은 모두 선생님 이야기예요. / 고상하시고 상냥하시니까요. / 선생님도 그런 분이 아닐까요 / 이 편지 속

てるやうに思えて仕方がないの /（…中略…）/ 私女学校三年ですの / どうぞよろちくネ / では又さよなら

에 선생님의 모습이 들어 있는 것 같은 생각을 떨칠 수 없어요. /（…중략…）/ 저는 여학교 3학년이에요. / 잘 부탁드려요. / 그럼 안녕히.

도쿄, 다카라 미도리, 「나미코 리릭 레터」, 83～86면

漾子先生始めてお便りで御座います / グループの皆様どうぞよろしくお願ひ致します、本当に漾子先生の御絵なんて々々可愛いのでせう / 仲よしの便箋で戦地の兵隊さんに慰問のお手紙差し上げましたの / きっと々々およこび下さる事と私迄がうれしくなってしまひました / 先生これからもこんなのをぜひお願ひ致しますバイ々々

나미코 선생님 처음 편지 보냅니다. / 그룹 여러분 잘 부탁 드립니다. 정말로 나미코 선생님의 그림은 얼마나 귀여운지. / 좋아하는 편지지로 전쟁터의 군인아저씨에게 위문 편지 보냈어요. / 분명히 기뻐해 주실 것 같아 저도 기뻐요. / 선생님 앞으로도 이런 편지 잘 부탁드립니다. / 바이바이.

센다이, 도시코, 「나미코 리릭 레터」, 86면

「나미코 리릭 레터」 시리즈에 보이는 【여학생어】의 본보기로 당시 소녀소설을 들 수 있다. 대표적인 것으로 요시야 노부코吉屋信子의 「꽃조개」(1931, 『소녀화보』에 연재)를 보자. '도쿄에서 그리 멀지 않은 ××시의 제1현립 고등여학교' 여학생들의 대화이다.

"江島さん、先生のおデイヤでせう、いつも絵の天才だつておほめになるんですもの―何んでせう、今日も皆私達を追ひ出して江島さん。一人お残りなさつて、ずゐぶんねえ"

"에지마 씨, 선생님의 디어지요? 언제나 천재라고 칭찬받으시는걸요. 뭐랄까 오늘도 우리 모두를 내쫓고 에지마 씨 혼자 남으라 하시고 정말이지."

"ほんたうよ、いつたい何んの御用でせう?"

"きっと、お二人だけで仲よくストーブを占領なさるおつもりよ"

"まさか、一でも私とても気がもめるわ、あとでそっと窓から覗いて見ませうか"

"まあ、そんな醜体お止し遊ばせよ!"

"でも、関戸先生は生徒に騒がれる割に冷静で公平無私ね"

"さうよ、私もう三度も綺麗なお花を献げて居るのに、ちっとも特別に扱って下さらないんですものー"

"정말이에요. 도대체 무슨 용건일까요."

"분명히 두 사람만 스토브를 차지하실 생각이셔요."

"설마. 하지만 너무 궁금한걸. 나중에 창문으로 살짝 엿볼까요?"

"어머, 그런 추태는 그만둬요!"

"그런데 세키도 선생님은 학생들이 수군대는데도 침착하시고 공평무사시네요."

"그래요. 나도 벌써 세 번이나 예쁜 꽃을 드렸는데도 조금도 특별히 대해주시지 않는걸요."

요시야 노부코, 「꽃조개」, 26면

---

8. 'てよだわ'의 쇠퇴

전후【여성어】의 변화

일본은 1945년 패전한 후 사회구조가 급속히 변했다. 1945년부터 대학의 남녀공학제가 실시되고, 교육제도도 기본적으로 남녀구별이 제거되었다. 남녀 별학은 오늘날에도 여전히 존재하지만 여학교라는 분류는 없어졌다. 또 화족제도가 폐지되고 학습원도 제도상으로는 일반 학교와 차이가 없어졌다. '아가씨'의 공동환상을 떠받치던 제도가 붕괴한 것이다. 물론 유서 깊은 가문이나 부잣집에서 태어나 가정부가 시중을 드는 영애令孃는 오늘날에도 존재하지만, 이런 출신들을 다른 사람들과 구별하는 사회적 제도는 존재하지 않는다. 이제 '아가씨'는 사람들의 관념 속에서만 존재하게 되었다. 이것이 【아가씨어】와 어떤 관련이 있을까.

태평양 전쟁 전의 【여학생어】는 상당히 일반화되어 【여성어】화된 것은 이미 설명하였다. 실제로 '～の', '～(だ)わ' 등은 여성 전용 표현으로 지금도 일상생활에서 들을 수 있지만 '～てよ', '～こと'와 같은 일부 표현은 거의 들을 수 없다. 그 결과 '～てよ', '～こと' 등은 관념적이고 희화적인 【여학생어】로 흡수되었다. 그 양상을 '～てよ'에 초점을 두고 관찰해보자.

CD-ROM판 '신초문고 100권'에서 '～てよ'를 검색해 보면 전후 소설 작품에서는 '～てよ'가 급속히 사용되지 않음을 알 수 있다. '～てよ'가 사용된 작품은 다음 네 작품이다.

● 다자이 오사무, 『인간 실격』, 1948

(나는 그림 그리는 속도가 꽤 느린 편이었습니다) 지금은 그저 술값이 필요해서 그림을 그리고 또 시즈코가 회사에서 돌아오면 교대로 휙 밖으로 나가서 고엔사 역 근처 포장마차나 스텐드바에서 싸고 센 술을 마시고는 기분 좋아져서 아파트에 들어와,

"넌 보면 볼수록 이상한 얼굴이야. 태평한 화상 얼굴은 사실 너의 자는 얼굴에서 힌트를 얻었어."

"잠자는 당신의 얼굴도 꽤나 <u>늙었어요</u>[お<u>老</u>けになりまし<u>てよ</u>]. 마흔 살 남자 같아요."

- 후쿠나가 다케히코, 『풀의 꽃』, 1954

"—나도 삼류 소설을 쓰는 사람보다 당신이 잘났다고 <u>생각해요[思って</u>
<u>よ</u>]. 하지만 생활이 있으니까 작품이 있는 거잖아요?"

"그건 그렇지만."

- 요시유키 준노스케, 『모래 위의 식물군』, 1964

"조금도 덥지 않아. 따뜻하지도 <u>않아[暖かくもなくってよ</u>]."

- 이노우에 히사시, 『분과 훈』, 1970

인텔리 아줌마가 웃으며 도서관을 나오려는 훈 선생을 향해 이렇게 말하는
것이었다.

"훈 선생님, 늘 선생님의 책을 도서관에 기증해 주셔서 감사합니다. 요전에
기증해 주신 『분』이란 소설, 정말 좋았습니다. 저는 밤새 <u>읽었습니다[読まし</u>
<u>ていただきまして</u><u>よ</u>]. 저만이 아닙니다. 도서관 이용자들 사이에서도 인기라
서 늘 대출 중입니다. 한 권 더 구입하려고 했는데 서점에서도 매진이래요. 선
생님, 『분』은 걸작이에요"

여기에서 주목할 것은 『인간 실격』에서는 여성이 주인공을 놀리는 대
화에서 사용된 점과 마지막 예인 『분과 훈』은 유머 소설이므로 이 부분
도 발화자인 도서관의 인텔리 아줌마가 매우 희극화되어 묘사된 점이
다. 결국 진지한 묘사로 '~てよ'가 나온 것은 『풀의 꽃』과 『모래 위의 식
물군』뿐이었다.

여성 전용 표현이 전체적으로 쇠퇴한 점에 대해서는 이미 연구자들의

지적이 있다(시부야 노리코 씨 등). 교육권, 참정권, 노동조약 등 남녀 간의 격차가 점차 줄어들고, 남녀공동참획사회[3]가 이상으로 여겨지는 현재는 이러한 추세가 당연한 것으로 받아들여진다. 그러나 【여성어】에서 특히 '~てよ'가 급속히 쇠퇴한 이유는 없는 것일까. 여기서 잠시 '~てよ'의 문법을 정리해 보자.

'~てよ'의 문법

'~てよ'를 형태적으로 취하는 표현은 네 종류로 나뉜다.

① 어떤 내용을 상대에게 전달해 알게 하려는 표현

'よろしく(っ)てよ[잘 부탁드려요]' '先生、いらっしてよ[선생님 오셨어요]' 'ここにありましてよ[여기 있어요]' 등. 드물게 'よ' 대신에 'ね'가 사용된 경우도 있다. 또한 질문할 때는 'よ'가 빠지고 'て'로 끝난다. '私が参りますわよ。よくって?[제가 가겠어요. 괜찮아요?]' 등이다. 전달할 때나 질문할 때에도 문말의 음조는 올라간다.

② 가벼운 명령의 '~て'에 'よ'가 붙는 형태

'早くしてよ[빨리 하세요]', 'もう帰ってよ[이젠 돌아가세요]' 등. 음조는

---

3 【역주】 1999년에 공포된 것으로 남녀가 사회의 대등한 구성원으로서 자신의 의사로 사회의 모든 분야에 참가할 기회가 확보되고 이로서 남녀가 균등하게 정치적, 경제적, 사회적, 문화적 이익을 누릴 수 있고 또한 공동으로 책임져야 하는 사회를 말한다.

'よ'에서 내려간다. 'よ'를 'ね'로 바꾸면 부드러운 확인 어조이며 여성스러운 표현이다.

③인용의 'って'에 'よ'를 첨가하여 제3자의 발화를 전달한다.

'お父さん、今日早く帰るってよ[아빠는 오늘 빨리 오신대요].' 상승조로 말하면 여성스럽다. 'よ'의 첫머리에서 조금 올리고, 끝듯이 말미를 내리면 남성스럽다.

④문장 중간에 접속조사 'て' 뒤에 간투 조사 'よ'를 붙여 전제적인 내용을 말한다.

'今日は海が時化けてよ、とてもじゃないが、漁にゃあ出られないよ[오늘은 바다가 거칠어서 말이야, 도저히 고기 잡으러 나갈 수 없어].' 'よ'를 올리고 끝듯이 내리는 어조이다. 남성적이고 거친 표현으로 들린다.

문제의 '~てよ'는 물론 ①의 표현이다. 이 '~てよ'는 상대에게 어떤 사실이나 생각을 전달하는 표현인데 시제의 구별이 없다. 즉 과거 일이나 현재 일에도 사용 가능하다.

ⓐ昨日は、とても楽しくってよ。(＝楽しかった) [어제는 매우 즐거웠어요.]
ⓑ私、今、とても楽しくてよ。(＝楽しい) [저, 지금 너무 즐거워요.]

즉 '~てよ'는 본래 구별되어야 할 문법사항이 구별되지 않는 애매모호한 표현이다. 내용을 확실히 정하지 않는 점이 '강한 판단을 피하는' 여성의 스테레오타입과 잘 어울린다고 여겼는지도 모른다. 그러나 애매한 표현은 커뮤니케이션에서 비효율적이라는 의미도 된다. 나머지 '～て よ'는 본래 '～て'만으로도 가능한 표현에 조사 'よ'가 첨가된 것이며 최 소한의 문법지식으로 운용 가능하지만 ①의 '～てよ'는 시제가 모호하여 '～てよ' 특유의 문법규칙을 알아야 되는 것도 특징이다. 이와 같이 ①의 '～てよ'는 의미적으로도 모호한 데다 여분의 문법을 필요로 하는 극히 비효율적인 표현이었다. 'てよだわ'의 또 다른 표현인 '～(だ)わ'는 술어 에 'わ'를 첨가만 하면 운용되고 또 'すてきよ[멋져요]' '昨日買ったの[어제 샀어]' 등의 표현은 'だ'를 빼기만 했으므로 문법적으로 단순해서 '～て よ'보다 오래 살아남았던 것이다.

소녀와 【아가씨어】

【표준어】인 【여성어】에서 비껴나온 '～てよ'는 역할어도가 증가하여 【아가씨어】 속으로 들어가게 되었다. 앞서 언급한 〈에이스를 노려라!〉 의 나비부인처럼 1970년대부터 순정만화와 순정소설에는 '아가씨'의 표현으로 【아가씨어】가 자주 나타난다.

礼儀しらずでけっこうだわ / 異性としての 男性なんて興味なくてよ	예의 없다 해도 상관없어 / 이성으로서 남자 따위 흥미 없어

이치조 유카리, 《유한 구락부》 1, 9면

お金なら銀行でおろすわよ / パパがくる ほど送金してくれててよ	돈이라면 은행에서 찾아오지 / 아빠가 넘칠 만큼 송금해 주시니까.

스즈키 유미코, 《신·시라토리 레이코입니다!》 1, 169면

ほんとうに美しくて
びっくりしてよ

主役は
白鹿野梨子さん
ごぞんじでしょう

お金なら
銀行で
おろすわよ

パパが
くさるほど
送金して
くれててよ

バカにしないでくださらない

ホホホ

ホホホ

《유한 구락부》1. 62면 ⓒ 이치조 유카리

《신·시라토리 레이코입니다!》1. 169면 ⓒ 스즈키 유미코/고단샤

…げっ!!
３年の
お姉様方!!

悩み事なら
聞いて差し上げ
てよ…？

あたくし達は皆
貴女のお味方
ですもの

さあ！元気を出して
笑ってちょうだい

右から順に
紫の上
白薔薇の君
桔梗の宮…

《웃는 미카엘》1. 43면
ⓒ 가와하라 이즈미/하쿠센샤
(꽃과 꿈 코믹)

悩み事なら聞いて差し上げてよ / あたくし達は皆貴女のお味方ですもの / さあ!元気を出して笑ってちょうだい

고민이라면 들어줄게 / 우리들은 모두 너의 편이니까 / 자, 기운을 내고 웃어봐

가와하라 이즈미, 《웃는 미카엘》 1, 43면

あたくしの名前は綾小路麗花。 / 鹿鳴館の時代から続く高級食品店として有名なスーパー小路屋の社長令嬢よ。 / ふふっ。 / なにか、文句あって? / そう。 / なければよろしいのよ。 / ホホホホホホホホ。

내이름은 아야코지 레이카. / 가나루관 때부터 이어온 고급 식료품점으로 유명한 슈퍼 고지야의 사장 딸이야. / 훗훗 / 뭐 불만 있어? / 그래 / 없으면 됐어. / 호호호

모리 나쓰코, 《아가씨의 역습!》, 8면

소녀들의 이야기에 '아가씨'가 자주 등장하는 것은 '아가씨'라는 고귀한 혈통을 소녀들이 좋아하기 때문이기도 하지만, 동시에 이러한 작품들은 현대 사회의 '아가씨'라는 존재가 비현실적인 환상에 지나지 않음을 말해준다. 〈에이스를 노려라!〉에서 나비부인은 평범한 소녀인 주인공 오카 히로미 앞을 가로막는 【그림자】이면서 때로는 위대한 【조언자】의 상징이므로, 결코 독자는 나비부인에게 자기 동일화하지 않는다. 또 이후의 많은 작품에서 설령 '아가씨'라 하더라도 그 실체는 평범한 소녀인 설정이어서 '아가씨'라는 '가면'을 쓴, 혹은 '아가씨 놀이'를 하는 데 지나지 않았다. 한편 이

《베르사이유의 장미》 1, 294면 ⓒ 이케다 리요코 프로덕션

야기의 무대가 현대 일본을 벗어나면 【아가씨어】는 생생하게 작용한다. 예컨대 혁명 전야의 프랑스 여왕, 제국군에게 쫓기는 반란군의 공주 등 이다.

| じつはこんど…… / いままでの朝の引見と 一般の謁見をとりやめようと思うのですが / ド・ゲメネ公爵 / どうお思いになって? | 실은 이번에 / 지금까지 해온 아침 접견 과 일반인의 알현을 그만두려고 생각합 니만 / 드 게메네 공작 / 어떻게 <u>생각하 시나요?</u> |

마리 앙투와네트, 이케다 리요코, 《베르사이유의 장미》 1, 294면(초판 1976)

| ああ、かわいそうに。チューバッカ、彼を 修理でき<u>て</u>? | 아아, 가엾게도. 추박카, 그를 수리할 수 <u>있어?</u> |

레아 오르가나 공주, 〈스타워즈−제국의 역습〉

역할어로서의 【남성어】, 【여성어】

'~てよ', '~こと'와 같은 특징적인 여성 전용 표현은 【표준어】의 지 위에서 내려가 역할어도가 강한 표현이 되어버렸다. 다른 여성적 표현 도 젊은 층을 중심으로 점차 사용되지 않았다고 한다. 또 다른 한편에서 는 '(ん)だ'와 같은 남성 전용 표현을 여성이 사용하는 것도 그리 새롭지 않게 되었다. 또 여중생과 여고생이 'ぼく', 'おれ'와 같은 인칭 대명사를 사용하는 사례도 종종 보고된다. 전체적으로 메이지시대에 발생한 'て よだわ'로 상징되는 근대적 【여성어】는 쇠퇴일로에 접어들었다고 할 수 있다.

남녀의 사회적 역할이 변화하고 그 차이가 줄어들면 말의 차이도 줄어드는 것은 당연하다. 이런 현상을 일률적으로 '좋다', '나쁘다'로 평가할 수는 없다. 말의 남녀 차이가 왜 생기고, 어떻게 기능해 왔는가에 관한 검증이 충분하지 않기 때문이다. 본디 방언에서는 말의 남녀 차이가 일반적으로 극히 적다.

한편 아동기에 각인된 스테레오타입은 평생 사라지지 않는다는 가설을 제2장에서 소개했다. 이 가설이 맞다면 역할어로서의 【남성어】, 【여성어】는 쉽게 지워지지 않을 것이다. 사회에서 【남성어】, 【여성어】의 지식이 공유되는 한 작가들은 그 지식에 쉽게 기대려 할 것이다. 그 결과 더욱 더 역할어의 지식이 강화되고 아이들에게 새로운 각인이 반복되어 갈 것이기 때문이다.

또한 개인 화자도 【남성어】, 【여성어】를 가면의 일부로 사용하는 경우가 있다. 소위 '여장남자', '트랜스젠더'로 불리는 사람들이 일부러 여성 전용 표현을 많이 사용하는 것도 역할어를 가면으로 구사하는 예라 할 수 있다.

이와 같이 우리의 역할어 지식은 현실의 모습 그 이상으로 우리에게 말의 남녀차이를 증폭해서 보여준다고 할 수 있다.

6장

이방인을 보는 시선

1. 【아루요어】
2. 이방인의 분류
3. 언어의 투영
4. 【아루요어】의 원형과 전개
5. 역할어를 넘어서

1. 【아루요어】

도리야마 아키라鳥山明의 만화 〈닥터 슬럼프〉(1980~1984년《소년 점프》
에 게재)에는 '쓴 씨 일가'라는 가족이 등장한다(1982년 20호). 중국 오지
에서 달을 향해 우주여행 하던 중 아라레에게 격추당해 펭귄 촌에 살게
되었다. 그런데 이 가족은 모두 이상한 일본어를 사용한다.

《닥터 슬럼프》5, 173면
ⓒ 도리야마 아키라

父鶴天 こ / こんにちは / わたしたち / こん
どひっこちてきた / 摘一家ある / よろちくね
娘鶴燐 ひっこしソバあるね

아버지 쓰루텐 안 / 안녕. / 우리들 / 이번
에 이사 온 쓴 일가 있어. / 잘 부탁해.
딸 쓰루린 이사기념 국수 있어.

도리야마 아키라, 《닥터 슬럼프》5, 173면

이 같은 중국어식 일본어는 이전부터 종종 만화에서 볼 수 있었다. 데
즈카 오사무의 〈세 눈이 간다〉(〈암흑가의 프린스〉, 첫 연재는 1976년《주간 소
년 매거진》)와 마에타니 다다미쓰前谷惟光의 〈로봇 삼등병〉(1958~1962년《소
년 구락부》고단샤에 연재)에서 예를 보자.

《세 눈이 간다》 10, 149면 ⓒ TEZUKA PRODUCTIONS

そこの女ここへこい / プリンスの相手をするよろしい / おまえプリンスのお目にとまったあるぞ	거기 있는 여자 이쪽으로 와. / 왕자님을 상대해 좋아. / 너 왕자님 눈에 들었다 <u>있어</u>.

데즈카 오사무,《세 눈이 간다》 10, 149면

隊長たいへんあるよ / 日本軍がきたある	대장 큰일 났다 <u>있어</u>. / 일본군이 왔다 <u>있어</u>.

마에타니 다다미쓰,《로봇 삼등병》, 203면

쓰쓰이 야스타카筒井康隆, 요코타 준야横田順彌의 소설에도 같은 예가 있다. 이런 특이한 말투의 일본어를【아루요어アルヨことば】라 부르자.【아루요어】의 특징을 열거하면 다음과 같다.

《로봇 삼등병》, 203면 ⓒ 마에타니 다다미쓰

① 문말 술어에 직접 'ある[있다]' 혹은 'あるよ[있어]'(단정), 'あるか[있는가]'(질문)이 붙는다. 드물게 'あるな[있구나]'도 보인다. 다양하게 'あるます[있습니다]'가 사용되는 경우도 있다.

② 문말 술어 동사에 'よろし(い)[좋아]'를 붙여 명령이나 의뢰를 표현한다.

③ 조사 'を'(때로는 'が'도)를 종종 생략한다(예 '酒Φのむあるか[술Φ 마셔 있어?]').

①, ②와 같은 문법은 본래 일본어에는 없는 일종의 '피진^{pidgin}'이라 불리는 언어적 특징을 나타낸다. 피진이란 무역항, 거류지, 플랜테이션 등지에 모인 다양한 모어 화자가 커뮤니케이션을 위해 만들어낸 혼성적 언어이며 링궈 프랭커^{lingua franca}도 비슷한 개념이다. 피진의 특징은 원 언어의 문법이 변형되고 파괴되어 단순화되는 것이다. 【아루요어】는 일본의 다양한 술어 활용과 조동사군을 최대한 단순화하고 'ある(よ, か)'를 붙여 대신 사용하였다.

또한 만화에 보이는 【아루요어】의 화자는 외모와 성격상 일정한 특징이 있다.

외견상 특징

• 수염을 기른다. 메기모양의 수염이 많다.

• 중국의 전통 모자, 중국의 전통 옷을 입고 있다.

• 변발이다.

• 극단적으로 뚱뚱한 경우도 있다.

성격상 특징

- 불법적인 장사를 하고 수상한 분위기를 띤다.
- 계산적이고 구두쇠이다.
- 어딘가 멍청해 보인다.
- 소심하다. 겁이 많다.

외견상 보이는 특징은 태평양 전쟁 전의 오래된 중국 풍속을 반영하였다. 뚱뚱한 중국인이 자주 묘사되는 이유는 중국에서는 비만이 부의 상징이고 유복한 중국인은 종종 비만이었기 때문이다.

또 성격상 특징은 무엇을 보더라도 도저히 존경할 만한 성격이 아니다(다만 새로운 작품일수록 중국인=쿵후라는 스테레오타입이 섞이므로 위에 든 특징이 반드시 확실한 것은 아니다). 이러한 특징은 일본인이 중국인에게 가진 편견이 반영된 듯하다. 편견이란 이미 살펴본 것처럼 스테레오타입이 감정으로 드러난 것이었다. 편견이 【아루요어】라는 불완전하고 뒤틀린 일본어와 함께 사용됨으로써 기묘한 중국인 상을 만들었다.

여기서 다음과 같은 의문이 생긴다.

의문 13 중국인은 정말 【아루요어】를 사용할까. 도대체 【아루요어】의 기원은 어디일까.

의문 14 【아루요어】는 어떤 과정을 거치면서 기묘한 중국인상과 결부되었을까.

위의 의문에 답하기 전에 일본인이 아닌 사람들(혹은 생명체)이 쓰는 일본어를 생각해 보자.

2. 이방인의 분류

지금까지 검토한 역할어는 노인, 남성, 여성처럼 현재 일본사회에 있는 인물상의 범위에 포함된 것들이었다. 이 장에서는 처음부터 현대 일본인이 아닌 존재로 설정된 것들을 모두 '이방인'이라 하고 이방인에게 어떤 역할어가 부여되었는지를 검토하고자 한다. 앞서 설명한 【아루요어】 또한 이방인의 말과 다름없다. 먼저 다양한 이방인을 열거해 보자.

외국인 서양인(백인), 흑인, 중국인 등

과거의 인물 무사, 궁정귀족

사람이 아닌 것 신, 유령, 요정, 우주인, 로봇 등

또한 '서양의 중세 기사'와 '인디언'처럼 외국인이면서 과거의 인물도 있다. 그런데 이런 이방인의 말은 어떻게 표현되었을까. 예컨대 '무사'라면 【무사어】라는 역사적으로도 근거가 있는 일본어가 마련되어 있겠지만 나머지는 일본어로 말하는 것을 본적이 없거나 본래 일본어로 말하지 않는 사람들이다. 이들이 언어를 사용하는 방법은 크게 두

가지로 나뉜다. 하나는 '언어를 투영하는 것'이고 또 하나는 '피진을 적용하는 것'이다.

---

3. 언어의 투영

다양한 투영

먼저 '언어의 투영'을 설명해 보면, 예컨대 '서양의 중세 기사'라면 【무사어】가 투영되는 경우가 많다. 다음 예는 14세기 프랑스 영주인 올리버 경의 발화이다.

しかしーまあよい、ここでこじれては元も子もない。わしとしては、あらんかぎりの礼節と敬意をもって、賢者との助言をもとめるのみじゃ。そなたは賢い。また、わしはそなたの叡智をおおいに必要としておるーと、こやつらはぬかしおる	그런데 여기서 어물적거리면 본전도 없어. 난 모든 예절과 경의로 현자에게 조언을 구할 따름일세. 자네는 똑똑하네. 또 내가 자네의 예지를 많이 필요로 한다고 이놈들이 지껄여대는군.

마이클 클라이튼, 「타임라인」, 352면

또 헤이안시대의 궁중 귀족은 본래 「겐지 이야기」에서 보듯이 '今日は雨なり[오늘은 비가 내린다]'로 이야기하겠지만, 소설과 만화에서는 거의 '今日は雨でおじゃる'과 같이 말한다. 'おじゃる'는 무로마치 말기부

터 에도 초기(즉 1600년경)까지 교토의 서민이 사용한 말투이다. 이것이 궁중 귀족의 언어에 투영된 것이다. 역할어로서 귀족의 【오자루어】가 생겨난 기원은 아직 명확하지는 않으나 아마 가부키의 영향을 받았을 것이다.

유령과 신이 【노인어】를 사용하거나 문어를 사용하는 것도 일종의 '언어의 투영'이라 할 수 있다.

흑인과 【시골어】

가장 먼저 '언어의 투영'이 떠오르는 예는 미국 노예 해방 이전의 흑인 노예의 말일 것이다. 흑인이 등장하면 대부분 동북지방의 【시골어】가 사용된다. 이와 같은 설정을 언제, 누가 시작했는지는 확실하지 않다. 그러나 예컨대 1929년의 《소년 구락부》에 게재된 미우라 라쿠도三浦樂堂의 「검은 위인」에는 다음과 같은 예가 보인다. 「검은 위인」에서 흑인은 【시골어】를 사용하는데 마을에서 오직 혼자 초등학교를 다닌 부가(역시 흑인)만 【표준어】를 쓴다.

"やあ帰りなさったか、つかれているところをすまねが早速きいてもらいますべえ。けさから家の牛の乳が急にでなくなっただがどういうもんでしょうかなア?" "おいおいでしゃばるな。おらが先にきたでねか。わしのを一つきいてくだせね。家の	"그래 어서오너라. 피곤할 텐데 미안하지만 얘기 좀 들어다오. 오늘 아침 우리 집 소의 젖이 갑자기 안 나오는데 어찌된 건가?" "잠깐, 끼어들기는. 내가 먼저 왔는데. 내 얘기를 하나 들어주게. 우리 딸 병이 좀 이상하네. 주술을 한번 부탁하고 싶네."

娘の病気がチトあやしいでまじないを一つ
たのまれてもらいたいでな"

"おらのはそんなケチなのでねえ。事件が大
きいだ。おめえさんも気がついているべえ
が一昨日あたりから西のそらが剛気に赤い
で心配でなんねえ。あれはいったいなんの
しらせだんべえ。"

頭のはげたおじさんや分別ざかりの小父さん
たちが、まじめな顔でこんなことをためし
みにきたりききにきたりするんです。

"そんなことぼくにはわからないよ。牛のこ
となら獣医と相談したまえ。病人は医者の
ところへ連れていくさ。天体の問題は専門
の学者があるじゃないか。ぼくは小学校の
卒業生だ。そんなことわからないよ"

"내 용건은 그런 하찮은게 아니야. 사건
이 커. 너희도 이미 느꼈겠지만 엊그제부
터 서쪽 하늘이 엄청 붉은 게 큰 걱정이야.
그건 도대체 무슨 징조지?"
머리가 벗겨진 할아버지와 벗겨질려고
하는 아저씨들이 심각한 얼굴로 이런 것
을 물어보러 오십니다.

"그런 건 저도 몰라요. 소는 수의사와 상
담하세요. 아픈 사람은 의사한테 데려 가
시고, 천체에 관한 건 전문 학자가 있잖아
요. 전 소학교를 졸업했어요. 그런 건 몰
라요."

미우라 라쿠도, 「검은 위인」, 445면

마우라 라쿠도(글), 미네다 히로시
(그림), 「검은 위인」 삽화

이러한 설정에서 두 가지를 알 수 있다. 하나는 【표준어】를 교육받은 인물의 언어로 설정하고, 【시골어】는 그렇지 않은 사람의 말로 한 점이다. 또 다른 하나는 우리가 이 소설을 읽을 때 부가에게 먼저 자기동일화한다는 점이다. 즉 여기에서도 【표준어】는 히어로의 말이고 독자가 자기동일화하는 기준으로 작용하고 있다. 그리고 다른 흑인들에게는 【시골어】를 사용케 함으로써 조연이나 배경적 인물로 몰아내고 있다.

소설에서 백인이 등장할 때 백인에게는 일반적으로 【표준어】를 사용하게 한다. 다음에 제시하는 것은 오쿠보 야스오大久保康雄 번역의 『바람과 함께 사라지다』에 나오는 흑인 하녀 딜시와 스칼렛 오하라의 대화이다.

"ありがとうディルシー。母さんが帰ったら、相談してみるわ" "ありがとうごぜえます、お嬢さま、では、お休みませえまし"	"고마워 딜시. 엄마가 돌아오면 의논해볼게." "고맙습니다. 아가씨. 그럼 주무세요."

마가렛 미첼, 오쿠보 야스오 역, 『바람과 함께 사라지다』, 80면

여기에서도 다음과 같은 공식이 성립한다.

백인 교육받은 사람. 지배자. 독자가 자기동일화하는 대상＝【표준어】

흑인 교육받지 못한 사람. 피지배자. 독자가 자기동일화하는 대상에서 배제한 대상＝【시골어】

물론 거듭된 묘사와 인물상을 넣으면 【시골어】라도 자기동일화의 대상이 될 수 있다. 그러나 독자가 처음 읽었을 때의 반응은 결코 바뀌지

않을 것이다. 이와 같은 언어의 투영은 일본인이 【시골어】를 대하는 시선과 흑인을 대하는 시선이 합쳐져 이루어진 것이다.

4. 【아루요어】의 원형과 전개

피진의 적용

다음으로 '피진의 적용'을 설명하고자 한다. 피진화된 일본어로는 【아루요어】가 전형적인데 그 외에도 극단적으로 단순화된 일본어, 문법과 음성이 뒤틀린 일본어가 역할어로 자주 등장한다. 이런 말투의 화자는 어떤 식으로든 이방인의 성격이 부여되었다 할 수 있다. 예컨대 "白人、ウソつき。インディアン、ウソつかない[백인, 거짓말해. 인디언, 거짓말 안 해]"와 같은 '미국 인디언'(네이티브 아메리칸)의 말도 피진이라 할 수 있다. 인디언이 일본어를 말할 리 없으므로 미국 서부극에 나오는 인디언의 대사(피진 영어)를 누군가가 일본어로 번역한 것이 어느새 정착한 것이다. 이 【인디언어】도 조사를 생략하고 술어를 단순하게 활용하는 등 피진의 특징이 있다.

최근 어린이용 애니메이션에 자주 등장하는 유형으로 특정한 어미를 발화 말미에 붙이는 경우가 있다. 예컨대 게임 소프트 〈파이널 판타지 IV〉(2000년 발매, 스퀘어 소프트)에 등장하는 모글리라는 요정은 "何かご用

クポ?[무슨 일쿠포?]"처럼 '쿠포'라는 어미를 문말에 붙인다. 이와 같이 특정 캐릭터에 부여된 어미를 '캐릭터 어미'라 부르자. 후지코·F·후지오의 〈기테레쓰 대백과〉(1974~1977년 《어린이의 빛》 연재)에 등장한 사무라이 로봇 고로스케가 사용한 '拙者行くなり[소인 갑니다]'와 같은 발화도 캐릭터 어미의 한 종류라 할 수 있다. 캐릭터 어미는 우주인, 요정, 로봇 등 인간이 아닌 존재를 쉽게 특징짓게 하므로 아동용 만화에서 활용된다.

캐릭터 어미는 현실 세계에서는 존재하지 않는 피진을 인공적으로 만든 것이므로 그 구조를 자세히 보면 【아루요어】와 매우 비슷하다. 즉 캐릭터 어미를 'ある'와 바꿔 넣으면 【아루요어】가 된다. 그럼 【아루요어】가 어떤 역사적 경위를 거쳐 탄생했는지, 또 기묘한 중국인상과 어떻게 결부되었는지를 검증해보자.

요코하마 방언Yokohama Dialect

1879년(메이지 12년) 혼모코 주교Bishop of Homoco라는 사람이 저술한 *Exercises in the Yokohama Dialect*(요코하마 방언의 연습)이 요코하마에서 출판되었다(second edition, Japan Gazette Office, Yokohama, 야나이케 마코토 씨의 설명에 의함). '방언'이라고는 하지만, 당시 거류지에서 사용되었던 피진을 모은 어학서였다(머리말에는 Ollendorff system을 사용했다고 쓰여 있는데 Ollendorff system이란 당시 유럽에서 출판된 많은 어학서가 채용한 대역형식을 말한다. 니나 요시다 씨의 조사에 의함). 저자인 Bishop of Homoko(혼모코 주교)는 가명이고, 카이저(1998)에 따르면 호프만 앳킨슨Hoffman Atkinson이라는 인물이라고 한다. 현재 제2판밖에 발견되지는 않았지만 제1판이 실제로 존재했는지는 확실하지 않다. 제2판에는 그럴듯하게 신문기사의 서평이 인용되어 있지만 대부분이 거짓이다. 뒤쪽 인용을 보면 알 수 있듯이 '요코하마 방언' 표기 자체가 영어의 철자를 이용한 엉터리 표기이다. 즉 전체적으로 농담을 목적으로 출판한 성향이 강하다.

그러나 그 책에 나와 있는 '요코하마 방언'의 회화 문형은 바로 오늘날【아루요어】의 원형이다. 몇 가지 예를 보자. 번역문과 가타카나는 저자(긴스이)가 붙인 것이다.

- Is he ill? (彼は具合が悪いのですか?[그는 아픕니까?])

  Am buy worry arimas? (アンバイ 悪い アリマス?[상태 안 좋아 있습니까?]) (p.20)

- What time is it? (何時ですか?[몇 시입니까?])
- Nanny tokey arimas? (何時 アリマス?[몇 시 있습니까?])
- It is nine. (九時です[아홉시입니다])

  Cocoanuts arimas. (ココノツ アリマス[아홉 있습니다]) (p.21)

- No, you had better send it up to the Grand Hotel. (いいえ、グランドホテルに送った方がいいですよ[아니오 그랜드 호텔에 보내는 것이 좋습니다])

  Knee jew ban Hotel maro maro your-a-shee. (二十番ホテル マロマロ ヨロシイ[20번호텔 마로마로 좋아]) (p.29)

FIRST LESSON.

The, a, an, some	No equivalent exists for the articles, etc., in Yokohama Japanese
I	Watarkshee, also Watarkoosh (*this latter is only used by owners of coal mines , and millionaires*)
You	Oh my
He	Acheera sto

NOTE.—There is no distinction in the dialect between Singular and Plural.

Mine or ours	Watarkshee or Watarkoosh domo
Yours	Oh my
His or theirs	Acheera sto

The foregoing comprise about all the pronouns used, and the student need not bother about genders.

Hat	Caberra mono
His hat	Acheera sto caberra mono
Stove pipe hat	Nang eye chapeau
Penny	Tempo
Your penny	Oh my tempo
Horse	Mar
My horse	Watarkshee mar
Firewood	Mar key
Boat	Boto
Our boat	Watarkshee boto
Tea	Oh char
Your tea	Oh my oh' char

The examples illustrate the ease with which the possessive case is made. The other cases can be worked up as required by the same rules.

Bishop of Homoko(1879), *Exercises in the Yokohama Dialect*(Kaiser, Stefan(1995), *The Western Rediscovery of the Japanese Language*, vol.5에서)

그런데 이 *Exercises in the Yokohama Dialect*의 권말에는 "Nankinized-Nippon"(남경식 일본어)이라는 장이 있다. 제2판의 머리말에 따르면 이 장은 홍콩 사법 장관인 Ng Choy 씨의 요청으로 더해진 것이라 한다. 중국인 커뮤니티 사이에서 사용된 피진 일본어의 한 장르라 볼 수 있다. 또 몇 가지 예를 보자.

- Twice two are four. (2掛ける2は4[2 더하기 2는 4])

  Fu'tarchi fu'tarchi yohtachi aloo. (フタチ、フタチ、ヨッチアル[두 개, 두 개, 네 개 있다])

- I should like to borrow 500 Yen from you if you have them. (もしお持ちなら、五百円貸していただきたい[만약 가지고 있으면 500엔 빌려 주길 바란다])

  Anatta go-hakku lio aloo nallaba watark-koo lack'shee high shacko dekkeloo aloo ka. (アナタ ゴハクリョー アルナラバ ワタクラシ(＝私) ハイシャク デキル アルカ[당신 오백 냥 있으면 나 빌릴 수 있다 있는가]) (p.32)

또한 모리 센조森銑三의 『메이지 도쿄 일문사明治東京逸聞史』에는 다음과 같은 기록(1881년의 기사)이 있다(오카지마 아키히로岡島昭浩 씨의 설명에 따름).

외국인의 일본어

「신바시 예기평판기新橋芸妓評判記」에는 '외국인'도 참가하여 'この児たいさん別嬪べっぴんあります。踊、三味線、皆々よろしい。わたし、いつでも弗上あります

[이 아이 매우 미인 <u>있습니다</u>. 춤, 샤미센, 여러 가지 좋아. 나, 언제든지 달려

주는 거 <u>있습니다</u>]' 등 서투른 일본어를 말한다.

모리 센조, 「외국인의 일본어」, 89면

위 예를 보면, 말하는 이는 미국인인 듯하며 【아루요어】와 같은 피진

을 사용하는 것은 중국인만이 아님을 알 수 있다(단 귀로 들으면 당연히 서

양인과 중국인의 억양 차이를 느낄 수 있을 것이다). 또 'たいさん'은 당시 피진

에서 종종 나타나는 'たくさん[많이]' '非常に[매우]'를 가리킨다.

아리마스^{あります} 계열과 아루^{ある} 계열

*Yokohama Dialect*와 "Nankinized-Nippon"의 비교를 통해 알 수 있

듯이 전자는 어미에 주로 'あります'가 사용되는데 비해 후자는 'ある'가

사용된다. 일단 전자를 아리마스 계 피진, 후자를 아루 계 피진이라 한다

면 다음에 나오는 중국인 묘사에는 이 두 가지 모두 나타난다. 이 장 앞

부분에 인용한 만화의 예는 모두 아루 계열이었다. 다음 예는 1922년경

에 발표된 SP 레코드 〈한단^{邯鄲}〉(다카라즈카 소녀가극단)의 활자자료이다.

이 자료에는 아리마스 계열의 표현이 사용되었고 '飲む宜しい[마시다 좋

아]'라는 표현도 보인다.

① **プロローグ** 此歌劇昔し々大昔、お話しあります、所、支那、邯鄲、名芦生、青年あります、此人出生したいあります、虚栄心あります、百姓嫌ひあります **独唱** 人の世の短かしや我青雲の志燃ゆるともよ白熱の、炎となりてただらかす、芦生の血汐若くして、浪渦たちて打胸や、誰か定めけん田夫の子、誰か定めけん鋤とる？**プ** 青年芦生たた出生したいあります、腰の鎌の手の鋤もう厭あります、其所に仙人あります、薬の酒、貴方飲む宜しい、枕貸します、おやすみなさい、芦生さん酒酔ふ事太さん有ります、ついうとゝゝ

① **프롤로그** 이 가극 옛날 옛날 아주 먼 옛날, 이야기 있습니다. 장소는 중국, 한단. 이름은 호생. 청년 있습니다. 이 사람 출세하고 싶다 있습니다. 허영심 있습니다. **독창** 인생은 짧구나 청운의 뜻을 불태운 친구여 작열하는 불꽃으로 부푸는구나. 호생의 피 젊고 물결은 소용돌이쳐 가슴을 치는구나. 누가 정하였는가 농부의 자식, 누가 정하였는가 호미 **프롤로그** 청년 호생은 그저 출세하고 싶다 있습니다. 허리에 찬 낫, 손에 쥔 호미 이제는 싫다 있습니다. 그때 신선 있습니다. 약술 너 마셔 좋아. 베게 빌려줍니다. 자거라. 호생 술 마시고 취하는 것 많이 있습니다. 어느새 꾸벅꾸벅

〈한단〉, 67면

시대를 내려와 시바 료타료司馬遼太郎의 1970년 수필 「이야기 잡동사니 무사와 언어」(『모든 읽을거리』, 1970.9)에는 다음과 같은 구절이 있다. 이것 역시 아리마스 계열의 피진이다.

"그렇소이다左様でござる"

라고 가부키 등에서 무사가 말한다. 예컨대 에도 라쿠고 〈안류도〉에서 무사를 연기할 때도 무술을 자랑하는 무사가 "당신도 쌍검을 차고 있다면 완전히 팔짱을 끼고 나한테 베일리는 없지. 자 진검 승부를 하시오"(『엔쇼 전집円生全集』)라며 배에서 만난 늙은 무사에게 시비를 건다. "나는 그렇소, 귀공이 그렇다면拙者左様、貴公シカラバ"이라는 말투가 에도시대 무사의 표준어일 것이다. 그러

나 모든 무사가 이런 말을 쓰지는 않는다. 예컨대 "그거 안 된다 있습니다ル
ホコベンアリマス"라 말하면 개념적으로 중국인이 떠오르는 것처럼, 예술에서도
무사를 연출하려면 위의 말투를 사용하게 해야 아, 저것은 무사구나라고 누
구나 쉽게 알 수 있다. 그래서 실제로 모든 무사가 마치 사설과 같은 이런 문
장체 말투를 일상에서 사용하지는 않았을 테지만 그렇다고 터무니없는 말투
도 아니다. 이런 구별이 까다롭다.

시바 료타로, 「이야기 잡동사니 무사와 언어」, 122면

중국인을 보는 시선

앞에서 본 바와 같이 메이지 10년대(1906년경) 문헌에 나타난 아루 계
열과 아리마스 계열의 피진은 중국인과 관련지어 연구되었지만, 서양인
의 사용도 기록되어 있다. 한편 1922년 다카라즈카 소녀 가극단 공연에
서는 중국인을 적극적으로 표현하기 위해 아리마스 계열의 피진이 사용
되었다. 이 간극의 추이에 대해서는 더 많은 자료를 조사할 필요가 있지
만 역할어로서의 【아루요어】는 다이쇼 시대(1912~1926)에는 거의 완성
되었다.

동시에 【아루요어】가 '이상한 중국인'이라는 표현과 결부된 추이에
대해서도 앞으로 자료에 근거해 확인할 필요가 있지만, 그 배경에는 메
이지시대 중일관계의 변화가 깊은 영향을 미치고 있는 점은 쉽게 가늠
할 수 있다. 고대부터 근세까지 정치, 문화, 종교, 군사 등 모든 면에서
중국은 일본과 비교할 수 없을 만큼 대국으로 군림했고 일본인은 중국

조르쥬 비고, 〈도쿄의 거리 풍경—중국인 거류민을 놀리는 일본의 어린이(스케치)〉, 『그래픽』 1895년 4월 13일호(『비고 묘사 컬렉션 3—메이지의 사건』, 75면, 이와나미서점, 1985)

인을 존경의 대상으로 여겼다. 그러나 아편 전쟁(1840~1842)에서 중국이 패전하자 일본인의 중국관이 크게 변화했다.

　근대 일본에서 중국관을 더욱 결정지은 것은 1894~1895년의 청일 전쟁이다. 청일전쟁은 조선의 지배권을 둘러싸고 일본과 중국(청나라) 사이에 벌어진 전쟁으로 근대 일본이 처음으로 경험한 전쟁이었다. 청 일전쟁에서 승리하자 일본은 중국을 압박하는 국가로 돌변하였고 그 후 중국대륙, 한반도, 대만 등 아시아 여러 나라에 제국주의적 침략에 박차를 가하는 결과를 낳았다. 이와 더불어 중국, 조선과 민족 간의 알 력도 높아져 일본인들 사이에서 아시아를 멸시하는 풍조가 깊어졌다. 예컨대 1895년 4월 13일호의 『그래픽』에는 〈도쿄의 거리 – 풍경 중국 인 거류민을 놀리는 일본의 어린이〉를 묘사한 조르쥬 비고의 스케치가 실려 있다.

「노라쿠로」에서

다가와 스이호田河水泡의 만화 〈노라쿠로〉 시리즈는 1931년의 〈노라쿠로 이등병〉으로 시작하여 1941년의 〈노라쿠로 탐험대〉까지 잡지 《소년 구락부》에서 대단히 인기를 모은 만화였다. 전후에도 게재잡지를 바꾸어 가면서 계속 발표되어 TV만화로도 제작되었다. 주인 없는 검은 개 '노라쿠로'가 맹견군에 이등병으로 입대하여 많은 실수를 하면서도 악의 없는 캐릭터로 많은 사람에게서 사랑을 받고 때로는 큰 공을 세워 출세하는 스토리이다. 본래 노라쿠로는 어린이 독자와 등신대인 사랑스런 캐릭터에서 발상되었지만 연재 후반에는 당시의 호전적인 분위기에 발맞추어 오로지 용감무쌍한 영웅으로 변질되었다.

이 〈노라쿠로〉 시리즈에 【아루요어】가 사용되는 장면을 두 곳에서 볼 수 있는데 일본인의 감정이 반영되어 있어 흥미롭다.

하나는 1932년에 연재된 〈노라쿠로 상등병〉으로 해적인 남태평양 '원주민'이 【아루요어】를 사용한다. 이 해적들은 밀수업자로부터 무기와 탄약을 사들이는데 우연히 그 장면을 목격한 노라쿠로가 마지막에 모두 죽인다.

密輸人 全部で二十万円だ。	**밀수업자** 전부 20만 엔이다.	
海賊 高い<u>ある</u> / 負ける<u>ある</u>。	**해적** 비싸다 <u>있어</u> / 깎는다 <u>있어</u>.	
密輸人 負からんよ。	**밀수업자** 못 깎는다.	
海賊 鉄砲爆弾たく<u>さんあるな</u>。	**해적** 대포 탄환 많이 <u>있어</u>.	
海賊 酋長買ってきましたぜ。	**해적** 추장 사왔습니다.	
海賊の首領 火薬庫へしまっておけ。	**해적 우두머리** 화약고에 넣어둬.	

다가와 스이호, 《노라쿠로 상등병》, 813면

위의 예에서 【아루요어】는 중국인에게만 고정되어 있지 않고 밀수업
자도 【아루요어】를 사용한다. 그러나 해적끼리는 【표준어】를 사용하고
있다. 이것은 피진의 본래 모습과 가깝다. 즉 피진은 무역을 위한 임시적
인 언어이고 해적들에게는 모어가 아닌 것이다.

또 다른 하나는 1938년에 제작된 〈노라쿠로 무용담〉의 예이다. 여기
에서는 맹견군과 돼지군의 전면전이 묘사되어 있다. 전장의 묘사는 분

명히 중국대륙을 흉내 낸 것이고 맹견군＝일본군, 돼지군＝중국군이라
는 구조임을 엿볼 수 있다.

豚1 戦ってもまけるにきまつてる	돼지1 싸워도 질 게 뻔해.
豚2 そんなわからない隊長は　やつつけるよろし	돼지2 그런 거 모르는 대장은 처치해 좋아.
豚3 こらッ / 隊長のいふこときかんか	돼지3 이놈 / 대장 말을 안 들어?
豚4 この間に逃げ出せ	돼지4 지금 도망쳐.
豚5 向かふの陣地が安全あるよ	돼지5 맞은편 진지가 안전 있어.

다가와 스이호, 《노라쿠로 무용담》, 137면

여기서 맹견군의 용감무쌍한 자세와는 대조적으로 돼지군은 시종일
관 나약하고 이기적이며 통제가 안 된 오합지졸 군대로 묘사되어 있다.
그리고 돼지군은 자기들끼리 시종일관【아루요어】를 사용하여 본래 임
시적이고 불안전한 언어인 피진이 약한 돼지군의 특징으로 고정되어 있
다. '돼지'라는 모습과 부대로서의 낮은 능력, 그리고 피진을 사용하는
언어적 특징 등 모든 점에서 돼지군은 구제할 가치도 없고 맹견군에게
질 수밖에 없는 비참한 존재로 그려져 있다. 특히 언어적인 면에서 피진
을 사용한다는 속성 때문에 우리는 처음부터 돼지군에게 자기동일화가
쉽게 되지 않는다.

이 〈노라쿠로 무용담〉에 그려진 1938년은 노구교사건[4] 이듬해이고
중일전쟁이 전면화되어 일본에서는 중국에 대한 전쟁 분위기가 고조되
고 있었다. 〈노라쿠로 무용담〉의 묘사는 이와 같은 시대상에서 중국인

---

4 【역주】중국 노규교에서 훈련 중인 일본군의 탄환을 계기로 중일전쟁이 일어나게 된 사건.

을 바라보는 일본인의 시선을 여실히 보여준다고 할 수 있다.

《노라쿠로 무용담》, 137면 ⓒ 다가와 스이호, 고단샤

5. 역할어를 넘어서

이방인을 규정짓는 역할어는 언어의 투영이나 피진의 적용 등, 모두 【표준어】화자＝독자가 자기동일화하는 대상으로부터 낯설게 하는 기능을 하고 편견과 쉽게 결부되는 것을 확인했다.

역할어는 언제나 알기 쉽다. 사용자의 인물상을 순간적으로 독자에게 전달한다. 알기 쉽다는 이점 때문에 어린이용 작품과 소위 'B급 작품'에 많이 사용될 뿐 아니라 제대로 된 작품에서도 자연스럽게 녹아있다. 역할어 없이는 일본어 작품은 성립하지 않는다 할 수 있다. 그 결과 새로운 주입과 활성화가 거듭되어 역할어는 보강된다.

일본인이 가진 일본어의 지식은 어떤 면에서는 이러한 역할어의 집합으로서 가상 일본어인 것이다. 평소에는 이런 것에 아무런 의심 없이 생활하고 있다. 이 가상 일본어의 중심에 【표준어】가 자리하고 있다. 가상 일본어는 【표준어】와 그 차이로 인해 계층화된 체계라 할 수 있다.

역할어의 지식은 일본에서 생활하는 일본인에게는 필수 지식이지만 진짜 일본어의 다양성과 풍요로움을 덮어버리고 가능성을 빈약케 하는 일면과 역할어를 사용하면서 은연중에 편견과 차별이 스며드는 일면을 알아차려야 한다. 예컨대 【아루요어】는 세계대전 중 중국인에 대한 편견과 함께 사용되었던 점을 알아야 한다. 현재 만화에서 사용되는 예를 보면, 아무런 악의도 없는 듯이 보이지만 근원적으로 불완전한 일본어＝피진밖에 말하지 못하는 것으로 묘사되었을 때 묘사된 당사자는 어떤 기분이 드는지를 생각해야 한다(미국 영화에서 이상하게 어색한 '일본식 영어'

를 말하고 안경을 낀 키 작은 일본인이 나올 때의 기분을 떠올려 보면 된다).

　가상 일본어의 구조를 알고 때로는 가상 일본어의 틀을 깨고 리얼한 일본어를 파악하자. 그것이 일본어를 진정으로 풍요롭고 많은 결실을 맺게 하는 중요한 첫 걸음이 될 것이다.

부록에서는 '역할어'를 정의하고자 한다. 역할어란 다음과 같은 것이다.

어떤 특정한 말투(어휘, 어법, 표현, 억양 등)를 들으면 특정한 인물상(연령, 성별, 직업, 계층, 시대, 용모, 풍모, 성격 등)을 떠올릴 수 있을 때, 혹은 어떤 특정한 인물상을 지시받으면 그 인물이 마치 사용하는 듯한 말투를 떠올릴 수 있을 때 이러한 말투를 '역할어'라 한다.

위의 정의에서는 '말투'라는 용어를 사용했는데 전문적으로는 **화체**(스피치 스타일)이다. 문어에서 '**문체**(라이팅 스타일)'와 대조되는 **구어**의 스타일이므로 화체, 즉 스피치 스타일이다.

일본어의 역할어에서 특히 중요한 지표는 **인칭 대명사** 혹은 이에 대용되는 표현, **문말표현**이다. 인칭 대명사란 '나', '너', '그, 그녀'와 같이 화자, 청자, 제3자를 각각 전문적으로 표현하는 어휘를 말하는데 특히 화자 자신을 나타내는 **1인칭 대명사**가 중요하다. 예컨대 'わたし, あたし, ぼく, おれ, おいら, あっし, わし, 拙者' 등을 나열해 가다보면 화자의 모습이 금세 떠오르는 것을 느낀다. 또, "마치코는 아이스크림이 먹고 싶어"처럼 대명사를 사용하지 않고 **고유명사**로 화자 자신을 가리키는 용법도 있는데, 이것도 특정한 화자상(어린이, 또는 어린애 같은 젊은 여성)을 연상케 한다. 1인칭 대명사와 함께 청자를 가리키는 **2인칭 대명사**(あなた, おま

え, 君……)도 역할어가 될 수 있지만 2인칭 대명사는 화자와 청자의 관계에 따라 변하기 쉬우므로 취급이 조금은 어렵다.

문말표현은 문법적으로 몇 가지 종류로 나뉜다. 제1장에서 다룬 서일본형, 동일본형의 대립은 'せえ / しろ[해 / 해라]', '雨じゃ / 雨だ[비다]', '知らん / 知らない[모른다]'처럼 **활용**과 **조동사**와 관련이 있다. '行く (ぜ / ぞ / わ)[간다]', '暑い (ねえ / のう)[덥네 / 덥구나]'와 같은 **종조사**도 매우 중요하다.

문말표현과도 관련이 있으면서 존재를 표현하는 **정중표현** 'ございます'의 변형은 역할어의 분화에 깊게 관계한다. '考えが(ござる / ござんす / ごぜえます / ありんす / おす / おます)[생각이 있으십니다]'가 그 예이다. 특히 'ございます'류는 명사의 뒤, 동사와 형용사 뒤에 붙어서 **단정표현**으로 작용하기도 하고, 역할어로서 자주 눈에 띈다. 예컨대 '雨で(ございます / ござんす / ござる)[비이옵니다]' 등이다.

그 밖에 'ない'를 'ねえ'로 하거나 '大根'을 'でーこん' 식으로 하는 **사투리**가 역할어와 관계 있다. 'あら', 'まあ', 'おお' 등의 **감동사**, 'はっはっは' 'ほほほ' 등의 **웃음소리**, 또 음의 고저, 문장 전체의 멜로디로 표현되는 **악센트**와 **억양**, 말하는 **속도**, **유창함** 등 음성적인 요소도 역할어의 요소가 된다.

후기

역할어 세계를 여행한 느낌은 어떠십니까? 즐거우셨습니까?

이 책은 일본어 속의 '스테레오타입'을 다룬 것입니다만 이 개념은 사회 심리학과 사회언어학에서 온 것이며 지금까지 제가 전문적으로 다룬 문법과 문법사와는 조금 영역이 다릅니다. 제가 이 테마를 만나게 된 계기를 조금 언급하겠습니다.

저는 1981년에 제출한 석사논문 이후 일본어의 존재표현의 역사적 변천을 연구 테마의 하나로 삼고 연구해 왔었는데, 이 존재표현 중에 'おる'라는 동사의 특이한 용법에 골머리를 썩이고 있었습니다. 기존의 연구에서 'おる'는 거만한 말투, 노인어의 용법이 있다고 합니다만, 사람이 일부러 거드름을 피우는 표현을 쓸까? 노인이 되었다고 갑자기 노인어를 사용하기 시작할까라는 의문이 들었습니다. 그리고 실재 용례를 모아 살피다 생각이 닿은 곳이 '역할어'라는 개념이었습니다.

역할어의 착상을 얻은 것은 1996년경입니다만, 이 개념이 일본어 연구에 어느 정도 유용한지를 검증하고자 1999년에 근무한 대학교의 '일본어학 연습' 수업에서 역할어를 테마로 1년간 연구발표 수업을 했습니다. 그때의 토론과 자료가 이 책의 골자가 되었습니다. 연습 참가자는 오카자키 도모코岡崎友子, 오카자키 마사히로岡崎昌宏, 기누하타 도모히데衣畑智秀, 다카미야 유키노高宮幸乃, 나카이 사에코中井彩子, 박미현朴美賢, 히로사카 나오코廣坂直子, 후카자와 아이深澤愛, 야마무라 요시로山村仁朗, 양창수楊昌洙, 요시이

마사吉正, 요다 메구미依田惠美, 요네다 다쓰로米田達朗입니다. 이 책은 이분들의 합작이라고 할 수 있습니다.

그 후, 동료인 사회언어학자 시부야 가쓰노리渋谷勝己 씨에게서 '스테레오타입'이라는 개념을 배웠고, 또 가미세 유미코上瀬由美子 씨의 저서를 만나 스테레오타입의 전체상 중에 역할어가 제대로 맞아떨어지는 것을 확인한 후 이 책의 구상이 확실해졌습니다.

또 오랜 친구인 야나이케 마코토屋名池誠 씨는 자료에 관한 해박한 지식을 바탕으로 이 책의 구성단계부터 적절한 조언을 주었습니다. 오노 마사히로小野正弘 씨는 메일을 통해 '가상'이라는 개념을 알게 해주었습니다. 두말할 것 없이 이 책의 제목으로 사용허가를 받았습니다. 모든 분께 감사드립니다.

또한 이와나미 서점 편집부 하마카도 마유코浜門麻美 씨가 이 책의 아이디어에 관심을 보여 이번 시리즈의 한 권으로 집필하도록 강한 권고를 받지 못했다면 애초에 이 책은 나오지 못했을 것입니다. 이 책은 이번 시리즈 중에서도 특히 시간이 많이 걸린 책이라고 생각합니다만, 하마카도 씨의 도움으로 내용보다 훨씬 멋진 책으로 완성 되었습니다.

처음으로 부모님과 가족이 이해할 수 있는 책을 쓸 수 있었다는 점도 기대 이상 기뻤습니다. 이 책의 용례는 아이들의 책장에서 나온 것이 여러 개 있습니다.

그런데 전문가의 견지에서 보았을 때 역할어, 혹은 일본어의 스테레오타입 연구는 이제 막 궤도에 오른 새로운 영역입니다. 그래서 이 책에서 언급한 몇 가지는 추론의 영역을 벗어나지 못했고 자료의 발굴과 제시도 불충분하다고 생각합니다. 특히 이 책에서 중요한 시기인 메이지

다이쇼, 쇼와 초기의 대중 매스미디어 자료 자체가 충분히 보존되거나 정리되지 않아 쉽게 열람하지 못하는 것이 현실입니다. 그런 점에서 독자 여러분에게서 역할어의 데이터와 정보를 얻을 수 있다면 연구를 계속해 나가는 데 큰 힘이 되리라 생각합니다. '이런 자료에서 이런 역할어를 만났다' 등 크든 작든 저에게 알려주시면 감사하겠습니다. 이 책의 지적도 물론 환영합니다.(저자 소개에 첨부된 메일 주소로 보내 주십시오.)

그럼 안녕히

2002년 니시노미야에서

긴스이 사토시

용례 출전 일람

제1장

「鉄腕アトム1」: 手塚治虫, 『鉄腕アトム』1(手塚治虫漫画全集221), 講談社, 1979.

「名探偵コナン1」: 青山剛昌, 『名探偵コナン』1, 小学館, 1994.

「ポケットモンスター1」: 穴久保幸作, 『ポケットモンスター』1, 小学館, 1996.

「たまねぎ博士1号タリラン」: 矢玉四郎, 『たまねぎ博士1号タリラン』, 岩崎書店, 1999.

「ちびまる子ちゃん4」: さくらももこ, 『ちびまる子ちゃん』4, 集英社, 1989.

「YAWARA!1」: 浦沢直樹, 『YAWARA!』1, 小学館, 1987.

「羊男のクリスマス」: 村上春樹・佐々木マキ, 『羊男のクリスマス』, 講談社文庫, 1989.

「火星博士」: 手塚治虫, 『火星博士』(手塚治虫漫画全集339), 1994

「新宝島」: 手塚治虫, 『新宝島』(改訂版, 手塚治虫漫画全集281), 講談社, 1984

「幽霊男」: 伴俊男・手塚プロダクション, 『手塚治虫物語・オサムシ登場』, 朝日新聞社, 1992.

「人造人間博士」: 海野十三, 『海野十三集』(少年小説大系9), 三一書房, 1987.

「宇宙女囚第一号」: 海野十三, 『宇宙女囚第一号』, 青空文庫, 2000(원전 『十八時の音楽浴』, 早
　　　　川書房, 1976).

「滑稽大学」: 『現代』36-4, 講談社, 2002(원전 『少年倶楽部』昭和9年2月号, 講談社).

「猿飛佐助」: 人物往来社 編, 『立川文庫傑作選』, 人物往来社, 1967.

「怪談牡丹燈籠」: 三遊亭円朝, 『怪談牡丹燈籠』, 岩波文庫, 2002.

「藪医生の不養生」: 国立国語研究所 編, 『牛店雑談安愚楽鍋 要語索引』, 秀英出版, 1975.

「浮世風呂」: 神保五彌 校注, 『浮世風呂 戯場粋言幕の外 大千世界楽屋探』(新日本古典文学大系
　　　　86), 岩波書店, 1989.

「東海道四谷怪談」: 鶴屋南北, 河竹繁俊 校訂, 『東海道四谷怪談』, 岩波文庫, 1956.

제2장

「スター・ウォーズ:帝国の逆襲」: G・ルーカス 監督, 平田勝茂 訳, 「スター・ウォーズ:帝国の逆
　　　　襲 '特別編」, 20世紀フォックス・エンターテイメント・ジャパン株式会社, 1997

「ハリー・ポッターと賢者の石」: J・K・ローリング, 松岡佑子 譯, 『ハリー・ポッターと賢者の

石』, 静出社, 1999.

제3장

「夕鶴」: 森本薫・木下順二・田中千禾夫・飯沢匡, 『森本薫・木下順二・田中千禾夫・飯沢匡
　　　集』(現代日本文学大系 83), 筑摩書房, 1970.

「夢の兵士」: 阿部公房, 『阿部公房全集』7, 新潮社, 1998.

「世説新語茶」: 洒落本大成編集委員会 編, 『洒落本大成』7, 中央公論社, 1980.

「浮世風呂」: 神保五彌 校注, 『浮世風呂 戯場粋言幕の外 大千世界楽屋探』(新日本古典文学大系
　　　86), 岩波書店, 1989.

「大千世界楽屋探」: 神保五彌 校注, 『浮世風呂 戯場粋言幕の外 大千世界楽屋探』(新日本古典文
　　　学大系 86), 岩波書店, 1989.

「河東方言箱枕」: 洒落本大成編集委員会 編, 『洒落本大成』27, 中央公論社, 1987.

「標準語に就きて」: 真田真治, 『標準語はいかに成立したか－近代日本語の発展の歴史』, 創拓社,
　　　1991.

「パーマン 1」: 藤子・F・不二雄, 『パーマン』1, 小学館コロコロ文庫, 1997.

「東海道中膝栗毛」: 麻生磯次 校注, 『東海道中膝栗毛』(日本古典文学大系 62), 岩波書店, 1958.

「浮世床」: 中西善三 校註, 『浮世床』(日本古典全書), 朝日新聞社, 1961.

「早慶戦」: 小島貞二, 『漫才世相史』, 毎日新聞社, 1978.

「闘鶏」: 今東光, 『闘鶏』, 角川小説新書, 1957.

「エロ事師たち」: 野坂昭如, 『エロ事師たち』, 新潮文庫, 1970.

「名探偵コナン 10」: 青山剛昌, 『名探偵コナン』10, 小学館, 1996.

제4장

「太陽と木銃」: 北原白秋, 『白秋全集』28, 岩波書店, 1987.

「怪人二十面相」: 『少年倶楽部名作選』2, 講談社, 1966.

「鉄腕アトム 1」: 手塚治虫, 『鉄腕アトム』1(手塚治虫漫画全集 221), 講談社, 1979.

「当世書生気質」: 稲垣達郎 編, 『坪内逍遥集』(明治文学全集 16), 筑摩書房, 1969.

「文芸時評」: 高山樗牛, 「文芸時評」独立行政法人国立国語研究所 編, 『太陽コーパス』5, 独立行
　　　政法人国立国語研究所, 2002(원전 『太陽』13, 博文館, 1901).

「吾輩は猫である」: 夏目金之助, 『漱石全集』1, 岩波書店, 1993.

「源氏物語」：山岸徳平 校注,『源氏物語』1(日本古典文学大系 14), 岩波書店, 1958.

「辰巳之園」：水野稔 校注,『黄表紙 洒落本集』(日本古典文学大系 59), 岩波書店, 1958.

「聞上手」：小高敏郎 校注,『江戸笑話集』(日本古典文学大系 100), 岩波書店, 1966.

「当世少年気質」：福田清人 編,『明治少年文学集』(明治文学全集 95), 筑摩書房, 1970.

「たけくらべ」：樋口一葉, 塩田良平・和田芳恵・樋口悦 編集,『樋口一葉全集』1, 筑摩書房, 1974.

「美味しんぼ 1」：雁屋哲 作, 花咲アキラ 画,『美味しんぼ』1, 小学館文庫, 2000.

「ああ玉杯に花うけて」：加藤謙一 編,『少年倶楽部名作選』1, 講談社, 1966.

「巨人の星 1」：梶原一騎 作, 川崎のぼる 画,『巨人の星』1, 講談社漫画文庫, 1995.

「あしたのジョー 1」：高森朝雄 作, ちばてつや 画,『あしたのジョー』1, 講談社漫画文庫, 2000.

「三つ目がとおる 1」：手塚治虫,『三つ目がとおる』1(手塚治虫漫画全集 110), 1980.

제5장

「エースをねらえ! 1」：山本鈴美香,『エースをねらえ!』1, 中公文庫コミック版, 1994.

「エースをねらえ! 2」：山本鈴美香,『エースをねらえ!』2, 中公文庫コミック版, 1994.

「エースをねらえ! 4」：山本鈴美香,『エースをねらえ!』4, 中公文庫コミック版, 1994.

「浮世風呂」：神保五彌 校注,『浮世風呂 戯場粋言幕の外 大千世界楽屋探』(新日本古典文学大系 86), 岩波書店, 1989.

「遊子方言」：洒落本大成編集委員会 編,『洒落本大成』4, 中央公論社, 1979.

「三四郎」：夏目金之助,『漱石全集』5, 岩波書店, 1994.

「浮雲」：二葉亭四迷,『二葉亭四迷全集』1, 筑摩書房, 1984.

「不如帰」：徳富蘆花,『不如帰』, 岩波文庫, 1938.

「魔風恋風」：小杉天外,『魔風恋風 前編』, 岩波文庫, 1951.

「吾輩は猫である」：夏目金之助,『漱石全集』1, 岩波書店, 1993.

「それから」：夏目金之助,『漱石全集』6, 岩波書店, 1994.

「門」：夏目金之助,『漱石全集』6, 岩波書店, 1994.

「婦系図」：泉鏡太郎,『鏡花全集』10, 岩波書店, 1940.

「誌友倶楽部」：河村邦光,『オトメの祈りー近代女性イメージの誕生』, 紀伊国屋書店, 1993(원전『女学世界』1916年 10月号).

「漾子リリック・レター」：唐沢俊一,『カラサワ堂変書目録』, 学陽書房, 2000.

「桜貝」: 吉屋信子, 『桜貝』, 実業之日本社, 1935.

「人間失格」: CD-ROM版「新潮文庫の100冊」, 新潮社, 1995.

「草の花」: CD-ROM版「新潮文庫の100冊」, 新潮社, 1995.

「砂の上の植物群」: CD-ROM版「新潮文庫の100冊」, 新潮社, 1995.

「ブンとフン」: CD-ROM版「新潮文庫の100冊」, 新潮社, 1995.

「有閑倶楽部 1」: 一条ゆかり, 『有閑倶楽部』1, 集英社, 1982.

「新・白鳥麗子でございます! 1」: 鈴木由美子, 『新・白鳥麗子でございます!』1, 講談社, 1992.

「笑う大天使 1」: 川原泉, 『笑う大天使』1, 白泉社, 1992.

「お嬢様の逆襲」: 森奈津子, 『お嬢様の逆襲』, 学習研究社, 1991.

「ベルサイユのばら 1」: 池田理代子, 『ベルサイユのばら』1, 集英社文庫, 1994.

「スター・ウォーズ : 帝国の逆襲」: G・ルーカス 監督, 平田勝茂 譯, 「スターウォーズ : 帝国の
　　　逆襲 ‘特別編」, 20世紀フォックス・エンターテイメント・ジャパン株式会社, 1997.

제6장

「Dr.スランプ 5」: 鳥山明, 『Dr.スランプ』5, 集英社文庫, 1996.

「三つ目がとおる 10」: 手塚治虫, 『三つ目がとおる』10(手塚治虫漫画全集 110), 1980.

「ロボット三等兵」: 北島昇 編, 『昭和マンガ史』(別冊一億人の昭和史), 毎日新聞社, 1977.

「タイムライン」: マイケル・クライトン, 酒井昭伸 譯, 『タイムライン』上, 早川書房, 2000.

「黒い偉人」: 加藤謙一 編, 『少年倶楽部名作選』3, 講談社, 1966.

「風と共に去りぬ」: マーガレット・ミッチェル, 大久保康雄 譯, 『風邪と共に去りぬ』I(三笠版
　　　現代世界文学全集, 別巻I), 1935.

「外国人の日本語」: 森銑三, 『明治東京逸聞史』上, 東洋文庫, 平凡社, 1969.

「邯鄲」: 倉田善弘・岡田則夫 監修, 『大正期SP盤レコード芸能・歌詞・ことばの全記録』9
　　　(『ニッポノホン音譜文句全集』(改訂増補第6版)), 大空社, 1997.

「話のくずかご 武士と言葉」: 『余談として』, 文春文庫, 1979.

「のらくろ上等兵」: 加藤謙一 編, 『少年倶楽部名作選』3, 講談社, 1966.

「のらくろ武勇伝」: 田河水泡, 『のらくろ武勇伝』, 講談社, 1969(複製本).

참고문헌

秋田実,『大阪笑話史』, 編集工房ノア, 1984.

朝倉喬司・溝口敦・山之内幸夫 他,『実録 ヤクザという生き方』, 宝島社文庫, 2000.

網野喬司,『東と西の語る日本の歴史』, 講談社学術文庫, 1998.

井出祥子 編,『女性語の世界』(日本語学術叢書), 明治書院, 1997.

石川禎紀,「近代女性語の語尾-'てよ・だわ・のよ'」,『解釈』18-9, 教育出版センター, 1972.

井上章,『美人論』, リブロポート, 1991.

上瀬由美子,『ステレオタイプの社会心理学-偏見の解消に向けて』(セレクション社会心理学
        21), サイエンス社, 2002.

遠藤織枝 編,『女ことば-女は変わったか 日本語は変わったか』, 明石書店, 2001.

尾崎善光,「女性専用の文末形式のいま」, 現代日本語研究会 編,『女性のことば・職場編』, ひつ
        じ書房, 1997.

_____,「女性語の寿命」,『日本語学』18-10, 明治書院, 1999.

カイザー, シュテファン,「Yokohama Dialect-日本語ベースのピジン」, 同記念会 編,『東京大学
        国語研究室創設百周年記念 国語研究論集』, 汲古書院, 1998.

解釈と鑑賞編集部 編,『国語学 解釈と鑑賞 特集 ことばと女性』56-7, 1992.

亀井秀雄,『明治文学史』, 岩波書店, 2000.

唐沢俊一,『カラサワ堂変書目録』, 学陽書房, 2000.

柄谷行人,『日本近代文学の起源』, 講談社, 1980.

川村邦光,『オトメの祈り-近代女性イメージの誕生』, 紀伊国屋書店, 1993.

菊沢季生,『国語位相論』(国語科学講座), 明治書院, 1933.

_____,『新興国語学序説』, 文学社, 1936.

木下順二,『戯曲の日本語』(日本語の世界 12), 中央公論社, 1982.

旭堂小南陵,『演芸速記本基礎研究 正・続』, たる出版, 2000.

金水敏,「'おる'の機能の歴史的考察」, 山口明穂教授還暦記念会,『山口明穂教授還暦記念国語学
        論集』, 明治書院, 1996.

_____,「役割語探求の提案」, 佐藤喜代治 編,『国語史の新視点』(国語論究 8), 明治書院, 2000.

_____,「‘資料紹介’ 明治・大正時代SPレコード文句集について」,『語文』75・76, 大阪大学国語国文学会, 2001.

_____,「近代語とステレオタイプ」,『国語と国文学』79-11(본 논문의 내용은 제2・3장에 수록), 2002.

_____,「近代日本小説における‘(人が)いる / ある’の意味変化」,『待兼山論叢』38(文学篇), 大阪大学大学院文学研究科, 2004.

_____,「全国共通語‘おる’の機能とその起源」,『近代語研究』12, 武蔵野書院, 2004.

_____,「役割語」,『日本の多言語社会』, 岩波書店, 2005.

_____,「役割語としてのピジン日本語の歴史素描」,『言外と言内の交流分野, 小泉保博士傘寿記念論文集』, 大学書林, 2006.

_____,「現代日本語の役割語, ステレオタイプ的話体の研究」,『言語学と日本語教育』VI, くろしお出版, 2010.

_____,「現代日本語の役割語と発話キャラクタ」,『日東学研究』2, 韓国・江原大学校・日本学研究センター, 2010.

_____,「‘男ことば’の歴史-‘おれ’‘ぼく’を中心に」,『ジェンダーで学ぶ言語学』, 世界思想社, 2010.

_____,「翻訳における制約と創造性-役割語の観点から」,『音声文法』, くろしお出版, 2011.

_____,「役割語と日本語教育」,『日本語教育』150, 日本語教育学会, 2011.

_____,『コレモ日本語アルカ? 異人のことばが生まれるとき』, 岩波書店, 2014.

金水敏 編,『役割語研究の地平』, くろしお出版, 2007.

_____,『役割語研究の展開』, くろしお出版, 2011.

_____,『役割語研究の展開』, くろしお出版 2011.

_____,『‘役割語’小辞典』, 研究社, 2014.

金水敏 外,『マンガの中の他者』(ジュアル文化シリーズ), 臨川書店, 2008.

金水敏・田中ゆかり・岡室美奈子 編,『ドラマと方言の新しい関係『カーネーション』から『八重の桜』、そして『あまちゃん』へ』, 笠間書院, 2014.

串間努 主筆,「アニメ特撮年表(昭和史)」『日曜研究家』14, 扶桑社, 1999.

黒田勇,「‘自分’語り出した関西ドラマ」,『朝日新聞』(阪神版), 1999.9.3 夕刊.

小島貞二,『漫才世相史』, 毎日新聞社, 1978.

小松壽雄,「『一読三歎当世書生気質』の江戸語的特色」,『埼玉大学紀要』9, 埼玉大学教養学部,

1974.

_____, 『江戸時代の国語 江戸語』(国語学叢書 7), 東京堂出版, 1985.

_____, 「東京語における男女差の形成－終助詞を中心として」, 『国語と国文学』 65-11, 1988.

_____, 「キミとボク－江戸東京語における対使用を中心に」, 『東京大学国語研究室創設百年記念国語研究論集』, 汲古書院, 1998.

小宮豊隆, 『明治文化史 10－趣味娯楽』, 原書房, 1980.

真田真治, 『標準語はいかに成立したか－近代日本語の発展の歴史』, 創拓社, 1991.

_____, 『脱・標準語の時代』, 小学館文庫, 2000.

_____, 『方言は絶滅するのか－自分のことばを失った日本人』, PHP新書, 2001.

斯波司・青山栄, 『やくざ映画とその時代』, ちくま新書, 1998.

司馬遼太郎, 「話のくずかご 武士と言葉」(『オール讀物』昭和45年9月号, 1970), 『余談として』, 文春文庫, 1979.

清水勲, 『図説 漫画の歴史』, 河出書房新社, 2000.

清水康行, 「二十世紀初めの小説台詞における女性のことば－東京中流の女性のことばと標準語」, 『国文学 解釈と鑑賞』722, 至文堂, 1991.

清水義範, 『日本語必笑講座』, 講談社, 2000.

下川耿史, 『近代子ども史年表』(明治・大正編), 河出書房新社, 2002a.

_____, 『近代子ども史年表』(昭和・平成編), 河出書房新社, 2002b.

霜月たかなか 編, 『誕生!「手塚治虫」』, 朝日ソノラマ, 1998.

瀬戸龍哉・山本敦司, 『漫画博士読本』(宝島社, 1999), 宝島文庫, 2000.

竹内洋, 『立志・苦学・出世』, 講談社現代新書, 1991.

武部好伸, 『ぜんぶ大阪の映画やねん』, 平凡社, 2000.

田中さつき, 「お嬢様言葉の成立－「ロミオとジュリエット」の翻訳を視座として」, 大阪大学文学部卒業論文, 2002.

田中章夫, 『東京語－その成立と展開』, 明治書院, 1983.

_____, 『日本語の位相と位相差』, 明治書院, 1999.

都川典子, 「翻訳に見る方言イメージの活用技法」, 『東京女子大学言語文化研究』3, 1994.

都染直也, 「生の方言 / 脚色された方言」, 『言語』22-9, 1993.

土居原作郎, 『関西のテレビドラマ史』, 上方芸能出版センター, 1995.

鳥山拡,『日本テレビドラマ史』, 映人社, 1986.

中村通夫,『東京語の性格』, 川田書房, 1948.

伴俊男・手塚プロダクション,『手塚治虫物語 オサムシ登場』(朝日新聞社, 1992), 朝日文庫, 1994.

飛田良文,『東京語成立史の研究』, 東京堂出版, 1992.

古田東朔,「『東海道四谷怪談』において上方風、東国風両方の言い方をしている人たち」,『松村明教授古稀記念 国語研究論集』, 明治書院, 1986.

＿＿＿＿, 「『東海道四谷怪談』において上方風の言葉遣いをする人たち」,『近代語研究』7, 武蔵野書院, 1987.

＿＿＿＿, 「『東海道四谷怪談』において東国風の言葉遣いをする人たち」,『近代語研究』9, 武蔵野書院, 1993.

本田和子,『女学生の系譜－彩色される明治』, 青土社, 1990.

毎日新聞社 編,『昭和マンガ史』(別冊一億人の昭和史), 毎日新聞社, 1977.

益岡隆志・田窪行則,『基礎日本語文法』(改訂版), くろしお出版, 1922.

水原明人,『江戸語・東京語・標準語』, 講談社現代新書, 1994.

南博・岡田則夫・竹山昭子 編,『遊技・娯楽』(近代庶民生活誌 8), 三一書房, 1988.

安田敏朗,『'国語'と'方言'のあいだ－言語構築の政治学』, 人文書院, 1999.

依田恵美,「西洋らしさを担う役割語－'おお、ロミオ!'の文型から」,『語文』79, 大阪大学国語国文学会, 2003.

四方田犬彦,『日本映画史100年』, 集英社新書, 2000.

鷲留美,「現代日本語性差についての一考察－女ことばとしての終助詞'わ'を巡って」,『日本語・日本文化研究』6, 大阪外国語大学日本語講座, 1996.

Brewer, M. B., "A dual process model of impression formaition", T. K. Srull & R. S. Wyer, Jr.(eds.), *Advances in Social Cognition*, vol.1, New York : Academic Press, 1988.

Devine, P. G., "Stereotypes and prejudice : Their automatic and controlled components", *Journal of Personality and Social Psychology*, 56, 1989.

Hudson, R. A., *Sociolinguistics*, Cambridge : Cambridge University Press, 1980.

Kaiser, S.(ed.), *The Western Rediscovery of the Japanese Language*, vol.5, Richmond : Curzon Press Ltd., 1995.

Labov, W., *Sociolinguistic Patterns*, Philadelphia : University of Pennsylvania Press, 1972.

Lippmann, W., *Public Opinion*, 1922. リップマン, 掛川トミ子 譯, 『世論』上・下, 岩波文庫, 1987.

Shibuya, Rinko, "Sex exclusive difference as the norm : Japanese women's language"(manuscript), 9th UCLA Graduate Student Symposium for Japanese Studies, 2002.

Teshigawara, Mihoko & Kinsui, Satoshi, "Modern Japanese 'Role Language'(Yakuwarigo) : fictionalised orality in Japanese literature and popular culture", *Sociolinguistic Studies*, Vol.5-1, Sheffield : Equinox Publishing, 2012.

Trudgill, P., *Sociolinguistics : An Introduction*, Harmondsworth : Penguin Books Ltd., 1974. トラッドギル, 土田滋 譯, 『言語と社会』, 岩波新書, 1975.

Vogler, Christopher, *The Writer's Journey*, Studiocity : Michael Wiese Productions, 1988.

참고 홈페이지 URL

なんばグランド花月, http://www.yoshimoto.co.jp/ngk/ouyou/index.html

のらくろ資料館, http://chaplin-web.hp.infoseek.co.jp/norakuro/top.html

のらくろ, http://www.asahi-net.or.jp/~ri7h-obt/norakuro/

藤子・F不二雄FAN CLUB, http://www02.so-net.ne.jp/~jun-1/